El arte de narrar

MANUALES | **Berenice**

DAVID VICENTE

El arte de narrar

www.editorialberenice.com
Parque Logístico de Córdoba. Ctra. Palma del Río, km 4
C/8, Nave L2, nº 3, 14005, Córdoba

Primera edición: septiembre de 2022

Colección Manuales

Director editorial: Javier Ortega

Edición: Ángeles López

Impresión y encuadernación:
Gráficas La Paz

ISBN: 978-84-11312-33-2
Depósito Legal: CO-1163-2022

Impreso en España/*Printed in Spain*

A Luna. A Bruno. A Adriana. Por el difícil arte de vivir.

La mejor historia del mundo es la más fácil de contar.
Ricardo Piglia.

Índice

Sí, puede que este sea otro jodido manual de escritura

Yo creo que para ser escritor basta con tener algo que decir, en frases propias o ajenas.
Pío Baroja.

Se han escrito cientos y cientos de libros en los últimos años, puede que más, sobre escritura creativa o el arte de escribir o de narrar, como prefieran. Yo mismo publiqué una especie de manual, o así al menos se publicitó, en esta misma editorial, con una frase a todas luces excesiva: «Este libro es un instrumento indispensable para quienes se inicien en la escritura o deseen perfeccionar su estilo de una manera rigurosa y eficaz». Espero que quien se hiciese con él tuviese claro que respondía a una estrategia publicitaria de la editorial.

Curiosamente, se trata del libro que más he vendido hasta hoy, dentro, por supuesto, de mis modestas cifras, por encima de *Isbrük* (Premio Internacional de Novela Breve Ciudad de Barbastro); no deja de ser curioso.

Esto refleja que, en los últimos años, la escritura creativa ha tenido un gran auge y han aflorado, como setas de temporada, multitud de talleres y cursos en todas las grandes ciudades y a través de plataformas *online*. También yo dirijo una escuela creativa, donde la escritura, aunque no es la única actividad, ocupa una buena parte de las ofertadas. Parece que todo el mundo desea contar una historia, que todo el mundo tiene una historia que contar o que todo el mundo aspira a ser escritor. Empiezo a creer que, sin duda, es más elevado el número de escritores que de lectores. Luego hablaremos de esto.

¿Por qué entonces otro texto más sobre el arte de contar historias? ¿Qué añade con respecto a los demás textos que ya hay dispersos por las estanterías de cualquier librería? Probablemente nada nuevo y probablemente no hay ninguna razón para ello, como no la hay para la saturación que sufre el mercado editorial en términos generales. Todavía me resulta más incomprensible que alguien desee ser escritor cuando no tiene una verdadera pasión por la literatura.

Como ya comenté en el anterior manual, si de verdad deseas aprender a escribir, lo mejor que puedes hacer es ponerte a leer, mucho y bien, cuanto antes mejor. Son los grandes maestros los que te enseñarán a hacerlo si les prestas la debida atención.

Creo, sinceramente, que ningún manual, por muy bueno que sea, te va a convertir en escritor. Sería ingenuo pensarlo y, sin duda, dejaría en muy mal lugar a la literatura.

¿Te imaginas que alguien pudiera convertirse en un consumado pianista solamente por el hecho de adquirir un curso de piano? ¿Qué mérito tendría entonces tocar el piano? ¿Por qué aplaudiríamos tanto a los grandes concertistas si se tratase de algo que todo el mundo puede realizar a las primeras de cambio?

En este libro no trato de ofrecerte ninguna clave para mejorar tus textos o, al menos, no a nivel técnico. Ya aporté unas cuantas pinceladas en el anterior texto, con mejor o peor fortuna. Simplemente intentaré ofrecerte mi visión sobre la escritura que me han aportado mis años de experiencia, tanto como escritor como editor o como profesor de diferentes cursos. Pero, sobre todo, mi experiencia como lector.

En el mejor de los casos, trataré de animarte a leer para poder escribir mejor y a entender que, si de verdad quieres escribir, se trata de una profesión que requiere de pasión y esfuerzo. Como cualquier otra, por otra parte.

Incluso, en ocasiones, parecerá que quiero desanimarte. Y es probable que así sea. A fin de cuentas, si no sientes de verdad la necesidad de escribir, tu literatura no me merece ningún respeto y creo que deberías olvidarte de ello. Es muy posible (no, es seguro) que escribas un libro infumable con el que simplemente alimentar tu ego delante de unos cuantos amigos.

Hace un tiempo escribí estas palabras para un artículo sobre la impresión que me producen todos aquellos «artistas» que solo quieren serlo por lo que supuestamente llevan aparejado determinadas profesiones. Hoy en día, lo sigo pensando, si cabe con más fuerza.

> *Cada vez son más los libros que devuelvo de nuevo a la estantería sin conseguir pasar de la página cincuenta; las exposiciones de las que me marcho sin terminar de entender qué quería trasmitir el pintor o el fotógrafo, ni apreciar el gusto estético por ninguna parte. Cada vez son más las veces en que opto por dejar libre mi butaca en el cine a mitad de la película y utilizar mi tiempo, una vez que me es imposible recuperar el dinero perdido, en algo más provechoso. Lo mismo me sucede con el teatro o con un concierto, con la salvedad de que aquí no abandono el recinto por un respeto, no sé si merecido o no, a quien se encuentra encima del escenario en ese momento.*
>
> *En definitiva, cada vez me cuesta más emocionarme, sorprenderme o simplemente disfrutar mínimamente con cualquier manifestación artística. Todo me resulta tópico, insus-*

tancial, aburrido, banal, carente de sentimiento y, por qué no decirlo, en ocasiones infernal hasta decir basta.

Sin embargo, cada vez son más los colectivos relacionados con el mundo del arte (músicos, cineastas, dramaturgos, fotógrafos, escritores...) a los que oigo clamar por un mayor apoyo, tanto por parte de las instituciones como por parte del público.

Vociferan contra el Estado (como siempre culpable de todos los males propios y ajenos) por la falta de subvenciones y criminalizan al ciudadano por lo que ellos consideran pragmatismo, desinterés y aborregamiento generalizado. En ningún caso se preguntan si sus obras cuentan con la calidad suficiente como para merecer ser visionadas, leídas o escuchadas.

Del mismo modo, cada vez son más los que reclaman su derecho a convertirse en artistas (signifique lo que signifique esta palabra). Su derecho a ser publicados, a que su obra se exponga, a que una compañía discográfica apueste por ellos, a que una productora invierta su dinero en su obra teatral o cinematográfica. O, en el mejor de los casos, a que sus amigos y conocidos financien a través de crowdfunding su insustancial y demencial proyecto o gasten sus euros en adquirir su infumable novela o poemario autoeditado.

Y yo me pregunto ante tanta demanda, ¿hay alguna ley que le prohíba a nadie el derecho a ser escritor, pintor, escultor, cineasta, músico o cualquier otra profesión? Hasta donde yo sé, ningún gobierno democrático de este país ha aprobado ningún decreto que vaya en contra de las ambiciones profesionales de nadie, sean de la índole que sea; siempre y cuando no sean ilegales, claro está.

Que yo sepa nadie me impide competir de tú a tú con Marc Márquez o Valentino Rossi por ser el campeón del mundo de Moto GP. Tengo todo el derecho a subirme encima de una moto e intentarlo. Pero, ¡ay amigos!, lo que no es tan democrático, mal que nos pese, es el talento, qué le vamos a hacer. Mucho menos si no viene acompañado de un esfuerzo detrás. Porque, esa es otra, la mayoría de los pretendientes y pretendidos creadores no tiene ninguna intención de dedicarle el más mínimo sacrificio a su carrera. Ni siquiera a formarse observando las obras de otros artistas o leyendo a verdaderos escritores. Tal vez porque es precisamente a ellos a los que no les interesa lo más mínimo la cultura, sino lo que supuestamente la rodea.

De unos años para acá el arte no deja de refugiarse en el argumento ventajista de la subjetividad. ¿Qué es arte? ¿Qué no es arte? ¿Quién lo decide? ¿Quién no? Hasta el punto de que estamos entrando en el todo vale y en la obligación moral de financiar, ya sea con recursos públicos o privados, verdaderos espantos o, como poco, los caprichos ególatras de cualquiera que pasase por allí, por miedo a decir, como en el cuento de Andersen, que el emperador va desnudo y ser tomados así por insensibles o analfabetos. Lo que hace un flaco favor a la creación en general y a los verdaderos artistas, que muchas veces quedan relegados y olvidados en la madeja de la mediocridad.

Y, sin más, te doy la bienvenida a este ¿manual?

Escribir es boxear

Baila como una mariposa, pica como una avispa.
Drew Bundini Brow, entrenador de Classius Clay.

Quien desconoce el boxeo puede pensar que se trata de un deporte ordinario. Dos tipos en pantalón corto pegándose hasta desfallecer para disfrute de los espectadores que solo buscan el morbo.

El verdadero aficionado sabe que no es así. El cuadrilátero encierra más arte y más técnica de lo que pueda parecer *a priori.* Pero tampoco trataré de convencer a nadie de lo que ni siquiera yo estoy seguro.

Lo que sí es cierto, todo aquel que se haya enfundado unos guantes lo sabe, es que, al margen de cualquier otra consideración, se golpea con los puños, pero se boxea con los pies y con la cintura.

El boxeo consiste en bailar con, y a, tu oponente en el *ring* hasta que eres capaz de asestarle el golpe definitivo que le tumbe en la lona o de vencerle exhausto a los puntos.

No es muy diferente la literatura, aunque pueda parecerlo. Envolvemos al lector con nuestra prosa, le bailamos, tratamos de arrinconarle contra las cuerdas, hasta que vemos el momento de lanzar un directo a su mandíbula y tumbarle en la lona.

Toda buena literatura debería tener una buena mezcla de estilo y pegada. Esto lo sabían Twain, Faulkner, Hemingway, Cheever y cualquier buen escritor que se precie. También lo sabía Classius Clay, si no que se lo pregunten a Foreman: baila como una mariposa, pica como una avispa.

Nadie debería salir indemne de un *ring* y nadie debería salir indemne de un libro. No en vano ambos están delimitados por los márgenes que imponen cuatro fronteras lineales de las que uno no puede escapar.

Se avanza por el cuadrilátero igual que se avanza por la página, golpe a golpe, palabra a palabra, frase a frase.

Escribir es boxear y boxear es exponerse. Uno no puede pretender pelear sin que ninguna mano toque su cara. No me interesan las historias que no tratan de explorar las aristas del ser humano. No me interesan los escritores cuyo único fin es averiguar dónde está el tesoro o quién mato a la señora de la casa para quedarse con su joyero sin preocuparse de los personajes, sin poner de manifiesto sus carencias y sus miserias, que son las de todos nosotros. Ponerse delante de un espejo y cuestionarse a uno mismo siempre es un buen punto de partida. Un escritor no está para resolver un problema, pero sí para enfocarlo bien, decía Chéjov. No queda otra que levantar la cabeza y encajar los golpes. Y ser un buen fajador no es una empresa menor.

Me interesa el escritor que se preocupa por mirar y de camino dirigir nuestra mirada. Igual que me interesa el boxeador que pelea con honestidad y choca los guantes con el rival antes y después de la contienda. Independientemente de si ha salido victorioso o ha sido derrotado. También lector y escritor son rivales, aunque no lo parezca, y no por ello enemigos. A fin de cuentas, nadie conoce a un hombre mejor que su mejor adversario y nada une tanto como una espada que acorta la distancia entre dos guerreros, nos decía Ray Loriga.

Lo dijo también Kafka, y reconozcámosle un mínimo de autoridad en esto, un libro debe ser el hacha que rompe el mar helado dentro de nosotros.

Sí, escribir es boxear. Así que, ya sabes, a partir de ahora, intenta bailar como una mariposa y picar como una avispa.

Leer te convierte en alguien que lee

Todo arte es completamente inútil.
Oscar Wilde.

Voy a comenzar este apartado realizando una afirmación arriesgada, lo sé. Pero asumo lo que de ella se pueda derivar. Así soy yo, un kamikaze de la opinión, qué le vamos a hacer. Ahí va: leer te convierte en alguien que lee y escribir te convierte en alguien que escribe.

¿Cómo? ¿Que no te parece para tanto? ¿Que es evidente? ¿Una obviedad? Sí, ahora que lo dices, la releo y tienes razón. Puede que se me haya olvidado un adverbio. A ver esta vez: leer sólo te convierte en alguien que lee y escribir sólo te convierte en alguien que escribe.

Sí, sería maravilloso que al unir unas palabras con otras en nuestro cerebro nos trasformásemos, cual pócima de la aldea gala creada por Uderzo, en personas más tolerantes, más solidarias, más amables, más humanas, más analíticas… Pero no, siento decirles que no es así. No hay ningún estudio de la Universidad de Wichita que confirme esta teoría. Y cualquiera sabe que todo lo que no confirma una universidad de un recóndito rincón de Norteamérica no se puede afirmar así tan a la ligera.

Hace algún tiempo el escritor Juan Carlos Márquez (@JCarlosMarquez8) tuiteaba esto:

> «Hay pocos lectores. Muy pocos. Cada vez menos. La prueba es que se sienten muy especiales, yo diría que orgullosos. Posan junto a los libros que leen. Tienen una necesidad constante de contarlo. La autopromoción del lector es tanto o más intensa hoy que la del escritor».

Yo añado, si se me permite, que cada vez observo más lectores, no solo orgullosos, sino con cierto aire de superioridad moral sobre algunos de sus interlocutores simplemente por el hecho de leer. No digamos ya si supuestamente lo que uno lee es eso que se denominan autores literarios y no el *bestseller* de turno.

Provengo de un pueblo de Cuenca en La Mancha más profunda, donde ya solo van quedando los más viejos del lugar. No cuenta con una sola librería o biblioteca de relevancia en más de treinta y cinco kilómetros a la redonda. Afirmaría, sin temor a equivocarme, que más del cincuenta por ciento de su población es analfabeta o semianalfabeta. En todo caso, que se podrían contar con los dedos de una mano los que utilizan su capacidad lectora para descifrar más allá de los mensajes necesarios para la vida cotidiana: prospectos farmacológicos, carteles informativos, programas de ferias populares, etc.

Sin embargo, les puedo garantizar que, hasta donde yo percibo, no parece que el porcentaje de psicópatas, delincuentes en general o, sin más, groseros y maleducados de andar por casa, sea mayor que el de cualquier otro rincón del planeta. Ya no digo tanto, tampoco parece serlo el de homófobos, xenófobos o la fobia que más les disguste.

Diría, incluso, que se respira una cierta amabilidad, solidaridad, colaboración social y respeto, mayor que en muchas otras poblaciones. Aunque supongo que esto tampoco es mérito de su poco interés por la literatura, sino de la paz y la menor acumulación de estrés que otorga vivir en una localidad tranquila.

Por el contrario, conozco un buen número de lectores, críticos, eruditos y escritores que no son especialmente un dechado de virtudes y a los que trato de frecuentar lo justo y necesario que me imponen mis obligaciones laborales.

¿Alguien pone en duda acaso que, como recordó Paul Auster en su discurso al recoger el Premio Príncipe de Asturias, los tiranos, los asesinos y los dictadores leen novelas y disfrutan con ellas?

Efectivamente, por muy obvio que parezca, leer solo te convierte en lector y escribir solo te convierte en escritor.

«En otras palabras –continuaba Auster su discurso–, el arte es inútil, al menos comparado con, digamos, el trabajo de un fontanero, un médico o un maquinista. Pero, ¿qué tiene de malo la inutilidad? ¿Acaso la falta de sentido práctico supone que los libros, los cuadros y los cuartetos de cuerda son una pura y simple pérdida de tiempo? Muchos lo creen. Pero yo sostengo que el valor del arte reside en su misma inutilidad; que la creación de una obra de arte es lo que nos distingue de las demás criaturas que pueblan este planeta, y lo que nos define, en lo esencial, como seres humanos».

Yo también lo sostengo y añadiría que es, sobre todo, una de las mayores fuentes de placer que conozco junto con el sexo. Creo que no leer es equivalente a no follar. Uno no sabe lo que se pierde.

Me da pena la gente que no lee y me da pena la gente que no folla. Pero no considero que un mundo conformado por lectores fuese necesariamente un mundo mejor –dicho sea de paso, sí lo opino de un mundo lleno de personas que practican sexo–. Aunque, probablemente para centrar la discusión, tendríamos que definir qué consideramos un mundo mejor. Pero eso es harina de otro costal.

«El carlismo se cura leyendo y el nacionalismo, viajando», aseguró Pío Baroja. Ojalá fuese tan fácil, maestro Pío. Solo hace falta ver los informativos para darse cuenta de que no es así ni por asomo.

¿Por qué escribir?

Pregúntate por qué quieres escribir, porque eso te va a decir también qué clase de escritor quieres ser.
César Mallorquí.

SI NO TE SALE ARDIENDO DE DENTRO…
Charles Bukowski

Si no te sale ardiendo de dentro,
a pesar de todo,
no lo hagas.
A no ser que salga espontáneamente de tu corazón
y de tu mente y de tu boca
y de tus tripas,
no lo hagas.
Si tienes que sentarte durante horas
con la mirada fija en la pantalla del computador
o clavado en tu máquina de escribir
buscando las palabras,
no lo hagas.
Si lo haces por dinero o fama,
no lo hagas.

Si lo haces porque quieres mujeres en tu cama,
no lo hagas.
Si tienes que sentarte
y reescribirlo una y otra vez,
no lo hagas.
Si te cansa solo pensar en hacerlo,
no lo hagas.
Si estás intentando escribir
como cualquier otro, olvídalo.

Si tienes que esperar a que salga rugiendo de ti,
espera pacientemente.
Si nunca sale rugiendo de ti, haz otra cosa.
Si primero tienes que leerlo a tu esposa
o a tu novia o a tu novio
o a tus padres o a cualquiera,
no estás preparado.
No seas como tantos escritores,
no seas como tantos miles de
personas que se llaman a sí mismos escritores,
no seas soso y aburrido y pretencioso,
no te consumas en tu amor propio.
Las bibliotecas del mundo
bostezan hasta dormirse
con esa gente.
No seas uno de ellos.
No lo hagas.
A no ser que salga de tu alma
como un cohete,
a no ser que quedarte quieto
pudiera llevarte a la locura,
al suicidio o al asesinato,
no lo hagas.
A no ser que el sol dentro de ti
esté quemando tus tripas, no lo hagas.
Cuando sea verdaderamente el momento,

y si has sido elegido,
sucederá por sí solo y
seguirá sucediendo hasta que mueras
o hasta que muera en ti.
No hay otro camino.
Y nunca lo hubo.

Que todo el mundo escriba no deja ser un menosprecio por la literatura. Máxime cuando la mitad de los que lo hacen apenas se preocupan de leer o ni siquiera les gusta. No tengo ningún deseo de entablar diálogos con quien haya escrito más que leído, decía Samuel Jhonson.

Llamar escritor a quien simplemente cuenta sus desvaríos para que se lo llamen y así sentirse importante es como llamar boxeador, siguiendo con el símil anterior, a quien se sube al *ring* y pretende ganar la pelea a base de mordiscos y patadas. Cualquier árbitro le expulsaría inmediatamente. Lo malo de la literatura es que no tiene árbitros y todos hemos de comulgar con ruedas de molino en favor de lo políticamente correcto.

Después del poema de Bukowski, no debería ser necesario añadir mucho más. Aun así, no me resisto a recoger aquí un artículo que escribí para la revista *Zenda* hace unos años. Hablaba en él de la cada vez más obsesiva necesidad de todos, no por escribir, sino por ver impreso su nombre en la portada de un libro. Se titulaba «Escritores que no leen». Reproduzco parte de él en el siguiente capítulo, con la sensación de que las cosas han ido todavía a peor y acabaremos por no saber distinguir las churras de las merinas y confundiendo a Carver con la autoedición de nuestro cuñado.

Escritores que no leen

Cuanto menos se lee, más daño hace lo que se lee.
Miguel de Unamuno.

Siempre he creído, en términos generales y sin entrar en matizaciones y excepciones, que todos los seres humanos estamos capacitados para desarrollar cualquier actividad o profesión, de un modo más o menos efectivo. A fin de cuentas, la mayoría de nosotros somos mediocres. Entendiendo por mediocre, aquel que, como define la RAE, se encuentra dentro de la calidad media.

¿Aseguraría alguien que un ingeniero, un cirujano, un juez o un catedrático, por poner algunos ejemplos, son genios por el mero hecho de ejercer cualquiera de estas profesiones? Obviamente no. Simplemente son personas que se han esforzado para ello y han adquirido los conocimientos y capacitaciones necesarias, partiendo, en la mayoría de los casos, de un talento y una inteligencia que se encuentra dentro de la media común de los seres humanos.

¿Por qué entonces iba a ser diferente con la escritura, llamémosle, creativa? ¿Puede cualquiera de nosotros llevar a buen puerto una obra literaria? Sin duda alguna. No parece que tenga más mérito narrar una historia que construir un puente o llevar la canalización de agua a una población en un reducto de la selva.

Partamos de la base de que cualquiera de nosotros puede ser un buen escritor, al menos un escritor mediocre, como puede ser un buen ingeniero o un ingeniero mediocre. Pero admitiendo esta premisa, no podemos olvidar la segunda parte de la misma: puede serlo con el debido esfuerzo y capacitación suficiente.

De un tiempo a esta parte, cada vez observo más la necesidad que todo el mundo tiene de escribir un libro: una novela, una colección de relatos, un poemario..., tanto da. En muchos casos, ni siquiera tienen claro qué desean escribir. A pesar de que tienen claro que quieren que su nombre aparezca en la portada de un libro.

Supongo que convencidos de aquello que aseguraba Stephen King cuando le preguntaban cuál era su técnica de escritura. Primero pongo una palabra y después la siguiente, nunca al revés.

Eso deben pensar, esto no puede ser difícil. Cualquiera de nosotros hablamos, cualquiera podemos escribir. A fin de cuentas, no es más que poner una palabra y después la siguiente.

Y, aunque no deja de ser cierto, a lo largo de estas páginas, trataré de explicar que hay un poco más de enjundia (no demasiada, pero algo más) que teclear una palabra y luego la otra. Igual que en construir un acueducto hay algo más de enjundia que poner una piedra y luego la siguiente.

La primera pregunta que debemos hacernos es si en realidad queremos ser escritores o queremos publicar un libro. ¿No es lo mismo?, preguntará alguien. En mi opinión no.

A lo largo de todos los años que llevo impartiendo clase de escritura creativa, me he topado con un buen número de alumnos (algunos de ellos con muchísimo talento). Siempre les hago la misma pregunta el primer día: ¿leéis y escribís mucho? Se sorprenderían con cuantos responden que no o que no demasiado. Incluso que la lectura no ocupa una de sus aficiones principales y que les aburre en gran medida.

Paso ya a reproducir parte del artículo que en su día publiqué en *Zenda*.

> Gran parte de los supuestos escritores o aspirantes a escritores en realidad no están preocupados por la escritura, sino por la publicación de su obra. Una obra que, paradójicamente, todavía no han escrito, pero que desean ver en los escaparates de las librerías cuanto antes. Sí, tienen más urgencia por publicar que por escribir; la publicación no es una consecuencia, es necesidad, una obsesión. Es, diría, el objetivo único. La literatura queda en un segundo plano. ¿A quién le importa la literatura? Lo que está en juego es otra cosa.
>
> En una encuesta realizada por el diario *El País* en enero del 2015, el 35 % de los españoles reconocía no leer nunca y solo el 29,3 % aseguraba hacerlo de manera habitual. Yo sería todavía menos benévolo. Considerando que la lectura tiende a ser utilizada como una de las principales varas para medir la cultura y el desarrollo humano —probablemente de manera sobrevalorada—, a nadie le gusta pasar por inculto y poco evolucionado. Así que es fácil que ese 35 % sea algo mayor y que el 29,3 % no lea de un modo tan frecuente como asegura.
>
> A pesar de estos datos, puede que este sea el país con más escritores por metro cuadrado. Muchos de ustedes seguro que también escriben, pese a no leer. O su vecino del tercero. O su cuñado. Los cuñados escriben mucho.
>
> Sí, España es un país plagado de escritores que no leen. Prueba de ello es la ingente cantidad de concursos literarios que podemos encontrar, posiblemente uno por cada población de más de mil habitantes, a los que se presentan del orden de trescientos manuscritos —como poco—. Ya ironizó sobre el tema el escritor peruano Fernando Iwasaki en su divertido libro de cuentos *España aparta de mí esos premios* —por

cierto, finalista en su primera edición del premio de relatos mejor dotado, el Premio Ribera del Duero—.

Al calor de este fenómeno —los escritores que no leen—, sin parangón en ningún otro país, han surgido infinidad de editoriales de autoedición y coedición que, impulsadas por el crecimiento de las plataformas digitales y las redes sociales, crecen y se multiplican al igual que las setas venenosas, que diría Bukowski.

Si no me creen, tecleen en el infatigable Google y verán que aparecen tantas como editoriales tradicionales, con reclamos del porte «publicar un libro nunca fue tan fácil», o «publica tu libro fácil y rápido».

Y sí, efectivamente, es así de sencillo. Envías un archivo en Word o PDF y a los pocos días recibes una respuesta en la que te informan de que ha sido aprobada la publicación de tu obra por «un comité de lectura» y que, si así lo deseas, tendrás un libro maravilloso entre tus manos: tu libro. Ellos ponen a tu disposición toda la maquinaria de una editorial tradicional: diseñadores, maquetadores, correctores... Lo único que, irónicamente, no hacen es la labor de un editor, que principalmente consiste en cuestionar la obra, o ciertas partes de ella, para intentar mejorarla.

¡Claro que sí! ¿Por qué tener que someterse a la posibilidad de engorrosos rechazos? El arte es subjetivo.

Junto con la carta de aceptación se adjunta un presupuesto que deberás abonar en dos cómodos pagos (50 % por anticipado) y que dependerá de la tirada que desees. Puede variar desde los 500 € hasta los 750 € por una tirada de 50 ejemplares (se va reduciendo la cuantía por ejemplar según aumenta esta).

Por supuesto, aceptas porque ya te imaginas con tu obra bajo el brazo. Una gran obra a la que un mercado editorial viciado le ha cerrado las puertas injustamente. Además, como todo el mundo sabe, muchos de los grandes escritores de la historia comenzaron autopublicando. Has oído por ahí que incluso el propio García Márquez; todo un Premio Nobel. Lo que no te preguntas, para qué, es cuánto leyeron estos escritores antes de poner una letra sobre el papel y animarse a enviarla.

Y tu libro llegó. Una gran caja, con alrededor de 300 ejemplares dentro, que abres con orgullo de escritor. Sacas uno, lo acaricias, lo fotografías y cuelgas su imagen, cuando tu corazón se ha recuperado de la emoción y la arritmia, en Twitter, Instagram y Facebook. Los me gusta caen como moscas. Poco importa si la maquetación deja mucho que desear, las correcciones brillan por su ausencia, el blanco nuclear del papel tiene una calidad más que cuestionable y el diseño de cubierta es de dudoso gusto. Mejor aún, poco importa el contenido del mismo. Ni siquiera a ti, que, a fin de cuentas, no lees. Lo importante es que te has convertido en escritor.

Y para culminar tu escalada al mundo de las letras, solo te queda organizar una presentación en uno de los garitos literarios de moda del centro de tu ciudad y convocar a todos tus familiares y amigos para endosarles tu obra. Si se te da bien la venta recuperarás el dinero invertido y quizá hasta puedas ganar unos eurillos. Ellos, además, no tendrán ningún problema en alimentar tu ego con alabanzas a tu literatura, para eso están allí y algunos desconocen otra con la que comparar, aunque luego utilicen tu novela o tu libro de relatos para calzar una mesa que cojea.

Sí, publicar nunca fue tan fácil. Editar tampoco. Pero escribir sigue siendo un poco más complejo, aunque no se publique; entre otras cosas porque para ello primero hay que realizar el esfuerzo (para algunos, placer) de leer mucho.

Los lectores no importan

Para escribir un buen cuento necesito pensar que nadie lo va a querer publicar y que da lo mismo. Preocuparme por los editores es nefasto para mi trabajo. Ya me harán sus reproches más tarde.

F. Scott Fitzgerald.

Escribir y publicar son procesos diferentes. A veces la publicación es una consecuencia de la escritura. Pero debemos partir de la base de que la escritura va mucho más allá de la publicación y cualquiera debería tener esto claro.

Personalmente, nunca he escrito pensando en los supuestos lectores de mi obra. Aunque sobrevolara una intencionalidad futura de ver esa obra publicada, como le sobrevuela a cualquier escritor «profesional», en principio. Incluso, a veces, he decidido por diversos motivos, no siempre por la calidad, que algunas obras se quedarían, al menos por el momento, en el cajón.

Sea como sea, jamás he pensado durante el proceso de escritura que habrá alguien en un futuro que tendrá mis palabras entre sus manos. No me interesa para nada quién sea ese alguien ni cuáles sean sus supuestos gustos o su valoración acerca de mi calidad literaria.

Si tuviera que analizar sus supuestos gustos (cosa imposible, por otro lado, si uno quiere llegar a un buen número de lectores) olvidaría cuáles son los míos y qué es lo que quiero contar verdaderamente.

Lejos de parecerme una falta de respeto hacia el público, o los lectores, me parece el mayor de los compromisos. Al fin y al cabo, uno quiere tener en sus manos obras que hayan sido construidas con autenticidad.

Creo que el compromiso de cualquier artista debe ser única y exclusivamente con su trabajo. En este caso, con sus personajes y con el conflicto que ha diseñado para ellos. Si uno está pendiente de quién habrá en un futuro al otro lado, uno deja de estar atento a quien está en ese momento entre sus manos, que no son otros que los personajes que tiene que hacer crecer, con los que uno se ha de emocionar, sufrir, alegrarse, entristecerse o frustrarse.

Esto no significa en ningún caso despreciar a los lectores ni que cuando la obra esté publicada (si algún día llega a suceder) no me interese cuál es su opinión o no me reconforten las críticas positivas y me hagan cuestionarme posibles desaciertos la críticas negativas y argumentadas.

Pero te puedo asegurar que he tecleado con la misma pasión literaria y, sobre todo, trabajado con la misma profesionalidad, novelas y relatos que han terminado en los estantes de las librerías y otras que, en algunos casos, como te decía, he decidido, y en otros no he podido, publicar.

Cuando escribo, única y exclusivamente, existen unos personajes a los que tengo que dar vida porque así lo demandan. No hay un lector presente en mi cuarto y, lo siento por él, pero en ese momento lo único que haría sería molestar. Así que la puerta queda cerrada para él, como dice Stephen King. Ya habrá tiempo para abrirla y escuchar su opinión, si uno lo desea y llega el caso. Y eso es lo que te aconsejo que hagas tú también; concéntrate en dar vida a lo que tienes entre manos y, lo demás, ya llegará cuando tenga que llegar.

Además, uno tiene que ser consciente de qué tipo de literatura está construyendo y de que no toda la literatura, por uno u otro motivo, es apreciada por todo tipo de público.

En una rueda de prensa le preguntaron a un premio Nobel (ahora no recuerdo cuál de todos) si estaba contento, dado que su obra, hasta entonces minoritaria, gracias al prestigioso premio, iba a poder llegar a un número mayor de lectores.

No se equivoque, muchacho, le respondió, es mucho más difícil llegar a dos mil lectores que a millones de ellos. Y puede que no le falte razón.

El talento no existe

El talento es algo bastante corriente. No escasea la inteligencia, sino la constancia.
Doris Lessing.

El talento, o incluso la ausencia de él, es el refugio perfecto para la pereza. Plantéate esta simple fórmula: Si al talento natural, de unos pocos privilegiados, le sumamos el trabajo, probablemente tengamos un genio. Si sacamos de la ecuación el trabajo, pero eliminamos el talento, quizá tengamos un magnífico profesional. Si lo que eliminamos es el trabajo, muy posiblemente no tengamos absolutamente nada.

Por mucho que Picasso dijese aquello de «espero que la inspiración me pille trabajando» y lo repitiesen otros unos cientos de veces más, seguimos creyendo, en el mejor de los casos, que se trata de la falsa modestia del artista para hacer crecer su vanidad.

No es así. No es que no escribas porque no sabes de qué escribir, ya que la inspiración te esquiva. No sabes de qué escribir porque no escribes.

Decía Marguerite Duras que escribir es intentar saber qué escribiríamos si escribiésemos. También aseguraba Carver que Isak Dinesen recomendaba escribir un poco cada día, sin esperanza y sin desesperación. Algún día lo anotaré en una tarjeta, decía, y lo pegaré en la pared al lado de mi mesa. Quizá tú también deberías hacerlo.

Hace poco, en un retiro de escritura, que organicé junto a mi amigo el poeta y gestor cultural Gonzalo Escarpa, en el que durante tres días convivíamos en una casa rural con escritores y aspirantes a escritores a los que ambos impartíamos talleres y con los que cambiábamos impresiones sobre nuestro proceso de escritura, comentaba Gonzalo en la cena de bienvenida que la escritura tiene mucho de fe, de creer que es posible, de trabajar incansablemente la frustración. No puedo estar más de acuerdo con él.

Es obvio que hay personas más talentosas o con una capacidad natural más desarrollada para una determinada actividad, entre las que se encuentra, por qué no, la escritura. Pero personalmente no conozco a ningún escritor de verdad que haya apostado la creación de su obra simplemente a la llegada de las musas.

Escribir, como cualquier otra actividad, requiere de práctica y la práctica solo se adquiere mediante la repetición y la observación. En este caso, la escritura y la lectura. Sí, te lo repetiré hasta que te aburras de escucharlo durante todas estas páginas.

Escribir es un trabajo como cualquier otro, más allá de que pertenezca o no a ese espacio difuso que consideramos el arte, y que deberíamos empezar a desmitificar en primer lugar los que lo practicamos.

¿Imaginas que por un momento un fontanero no fuese capaz de reparar la cañería porque ese día no se encuentra inspirado? ¿O un cirujano decidiese que no va a operar al paciente porque no han acudido a él las musas que le permiten realizar el trasplante con garantías?

Sería absurdo, ¿verdad?

El trabajo de un escritor consiste en pasarse horas frente a la pantalla en blanco, tecleando y borrando hasta que surjan las ideas.

No deberíamos pasar por alto que el principio es la mitad de todo y una frase pésima vale más que un papel en blanco.

Te contaré algo que me parece que es bastante ilustrativo y desmitifica la leyenda de la inspiración. Durante algún tiempo de mi vida estuve realizando guiones por encargo para pequeñas productoras, en su mayor parte vídeos promocionales y documentales de carácter social. Probablemente, nada que pueda ser valorado desde el punto de vista de la calidad artística. Sin embargo, no menosprecio el trabajo por encargo. Cuenta al menos con dos puntos a su favor: te lo pagan (algo que no siempre sucede en este mundillo) y te da escuela.

Los guiones tenían un plazo de entrega y debían estar en la mesa (léase bandeja de correo) de la productora en una fecha determinada. Nadie se inmiscuía en cuánto tiempo empleaba en escribirlos ni mucho menos en qué horario los escribía. O si lo hacía borracho o sobrio, en pijama o vestido. Simplemente debían estar finalizados en la fecha impuesta y con la calidad suficiente para poder ser rodados.

La mayoría de las veces procrastinaba (me encanta ese verbo, que no es exactamente igual que vaguear) con la excusa de que no me venía a la cabeza ninguna idea genial que reflejar. La idea abstracta del guion me superaba y paralizaba lo concreto. Por lo que siempre había algo mejor que hacer mientras no acudiese la inspiración: limpiar el baño, comida para el día siguiente, ordenar los armarios, reparar algún pequeño desperfecto en el hogar, ordenar las carpetas y el escritorio de mi ordenador...

Así, pasaban los días, hasta que quedaba muy poco plazo, quizá una semana o quince días, dependiendo del tamaño del guion. Me gusta ese silbido que dejan las fechas de entrega al pasar, dijo alguien. Y es cierto. Las fechas de entrega son un maravilloso antídoto contra la excusa del talento y de la inspiración. Entonces no me quedaba otro remedio que ponerme a teclear si quería llegar a tiempo y que me volviesen a contratar. Y desde luego, el pago de las facturas dependía de ello.

Era curioso cómo a las musas, que durante semanas se habían negado a aparecer, no les quedaba otro remedio que acudir apresuradas todas juntas. Lo abstracto dejaba paso a lo concreto; palabras que tomaban forma en un papel con mejor o peor fortuna, pero que se convertían en pequeñas piedras que empezar a pulir.

En una conversación que tuve con el periodista y escritor Manuel Jabois contaba que en sus comienzos en el *Diario de Pontevedra* se veía obligado a rellenar páginas y páginas de un periódico diario en una ciudad de provincias en la que nunca pasa nada relevante, por lo que cuando le contrataron en los diarios nacionales, lejos de tener presión, tenía la sensación de que no tenía ninguna excusa para no poder escribir un buen artículo diario y además de una noticia más o menos potente.

Así que deberías dejarte de excusas, pegar el culo a la silla y ponerte tus propias fechas de entrega y tus propios objetivos. Empieza por ese, por el de no levantar el culo de la silla y teclear. ¿Sobre qué? Da igual, teclea lo primero que se te pase por la cabeza, abre un libro y roba una frase de inicio al azar, describe una escena que hayas visto en una cafetería o en el autobús, algo que te haya llamado la atención. Al principio quizá no te salga nada decente. Pero verás cómo con la rutina de los días las cosas mejoran y la propia escritura se conecta y llama a la inspiración. Escribir es intentar saber de qué escribiríamos si escribiéramos, ya te lo ha dicho la señora Duras.

Y cuando lo hayas averiguado, no lo sueltes y mantén el pulso firme o, ahí sí, las musas decidirán abandonarte.

Quizá sea una buena idea, como recomendaba Hemingway, dejar a medias una escena o un párrafo que sabrías como terminaría. Así al día siguiente tendrás un lugar por donde continuar. También imponerte un número de palabras diario, entre 500 y 1000 no es una mala cifra cuando uno empieza.

¿De dónde viene la inspiración?

Cada día creo más en la memoria como
fuente de inspiración literaria.
Josefina Aldecoa.

La inspiración, según la RAE en su tercera acepción, significa «estímulo que anima la labor creadora en el arte o la ciencia». ¿Pero de dónde vienen estos supuestos estímulos? Te diré una cosa, en ningún caso de una divinidad o del resultado de una concatenación de casuísticas mágicas.

En mi opinión vienen principalmente de la vida, de tu propia experiencia y de tu propia observación del mundo. La mirada en un escritor puede que sea mucho más importante que toda la técnica del mundo. En todo caso, es una mezcla de ambas cosas. Quizá de eso hablaremos más adelante. Pero por supuesto la inspiración también viene de lo que han realizado otros antes, tanto en la literatura como en cualquier otra manifestación artística. Todas las artes se tocan y tienen conexiones entre ellas.

Para mí Hopper es una gran fuente de inspiración cuando escribo o determinada música; a veces, incluso, para marcar el ritmo de la prosa y su musicalidad en el oído del lector.

En las clases de escritura que imparto animo a todos mis alumnos a plagiar. El plagio está infravalorado, les digo. Plagio y aprendizaje son sinónimos sin duda. No se trata de fusilar párrafos haciéndolos pasar por propios con la excusa de la intertextualidad y que se han colado allí de casualidad si los detectan, como le sucedió a una presentadora. Por supuesto que no hablo de eso. Hablo de aprender de lo que otros hicieron con anterioridad, de ver cómo transitaron el camino. De robar esos recursos y asimilarlos como propios.

Alguien dijo, y si no es así lo digo yo ahora, que la inteligencia y la creatividad consisten en la capacidad para hacer variaciones sobre un mismo tema.

Si no lo crees, no tienes más que leer a Shakespeare (si no lo has hecho ya estás perdiendo el tiempo con este libro entre las manos), probablemente el mejor escritor de la historia y la mayoría de sus obras son versiones de otros cuentos y leyendas.

Si de verdad crees que estás contando algo nuevo, date una vuelta por los clásicos griegos y descubrirás que a nuestros amigos Sófocles, Cicerón y Aristóteles ya les preocupaba la muerte, el sentido de la vida, el amor y todas esas cuestiones que parecen solo tuyas.

Pero no me refiero solo a los temas. Me refiero a todos los recursos que utilizaron otros para introducir un personaje, presentar un *flashback*, un *flashforward* o narrar desde un punto de vista concreto, un diálogo telescópico. Me refiero en definitiva a la técnica.

También aprendemos del error. Yo he aprendido mucho del peor Hemingway. Él fue un escritor que traspasó sus límites, que siempre trató de ir más allá de lo que sabía manejar. En muchas ocasiones realizó obras, bajo mi punto de vista fallidas. Sin embargo, le estoy muy agradecido por ello. Su intencionalidad, su intuición de un recurso o de una manera diferente de narrar, más allá de que muchas veces estuviese mal ejecutada, personalmente me ha abierto caminos que puede que no hubiese explorado de otro modo.

No seas como esos de los que te hablaba, escritores que no leen, pasarás por un ignorante, aunque a tus amigos les hagas comerse tus textos con patatas y no les quede otro remedio que decirte lo mucho que te admiran.

La imaginación está sobrevalorada

No hay nada mejor que imaginar otros mundos para olvidar lo doloroso que es el mundo en que vivimos.
Umberto Eco.

«Todo el mundo dice que tengo mucha imaginación, que me si me pusiese a escribir lo haría muy bien». Podría pagar unas cuantas rondas de cerveza si me hubieran dado un euro cada vez que he escuchado esa frase a un alumno nuevo cuando se presenta el primer día en uno de los cursos de escritura.

Siempre les explico lo mismo. Seguramente la imaginación es muy útil para muchas cosas. Se me ocurre por ejemplo entretener a mis tres hijos cuando eran pequeños y quería que se comiesen el odioso puré e imitaba las voces de sus personajes favoritos de dibujos animados. Pero no especialmente para escribir. Al menos no en el sentido en el que lo expresan. Es más, el exceso de imaginación o la imaginación mal entendida, en la mayoría de los casos, nos lleva a provocar situaciones absurdas en los personajes que juegan en contra de la verosimilitud de la trama.

No, esto no va de imaginación. Narrar una historia no consiste en contar muchas cosas disparatadas, sino en contar una cosa bien contada y que resulte verosímil a ojos del lector.

A todo el mundo se le puede ocurrir que alguien no va a la oficina ese día porque lo secuestra una banda terrorista, que después no es tal banda, sino unos seres de otro planeta y así encadenar despropósito tras despropósito. No es algo tan meritorio como crees. Pero si sigues creyendo que este oficio va de eso, mejor dedícate a otra cosa.

Tampoco es inusual encontrarme con alumnos que desean escribir porque creen que tienen algo importante que contarle al mundo, que no ha contado nadie hasta ese momento. O que conseguirán, con su tipo de literatura, que sus lectores se convenzan de que han de ser más justos y más solidarios.

No, tampoco este oficio va de eso.

¿De qué va este oficio entonces? Te preguntarás quizá.

Hemingway (sí, otra vez él, y es probable que no sea la última vez que aparezca) decía que, para comprometerse con la literatura, primero uno tiene que comprometerse con la vida. De ahí, y no de otro sitio, nace la literatura, de la observación de la vida. Te lo comentaba antes.

Puede que pienses que no es así y quizá tengas un buen puñado de ejemplos que te gustaría ponerme. Ahórratelos, no es el tipo de literatura que me interesa.

Pero, sea como sea, incluso los personajes que habitan las páginas de ese tipo literatura, si es que están bien construidos, nacen de la observación del mundo.

Si quieres escribir has de aprender a mirar el mundo sin juzgarlo demasiado. A ver las miserias de los demás y las tuyas propias. No se trata de justificar al asesino, pero sí de comprender sus motivaciones. Recuerda lo que decía Chéjov: un escritor de ficción no está para resolver un problema, sí para enfocarlo bien.

Si no te interesa observar el mundo ni esquinar tu mirada en busca de las aristas, ¿por qué tratas de contármelo?

La literatura ha de ser un reflejo de la complejidad del universo que habitamos (me refiero al universo complejo en que consiste simplemente ejercer de ser humano), no un espacio para que pontifiques y nos arengues con tus simplistas opiniones sobre la moralidad y la justicia. ¿O acaso te crees tan importante?

Comprométete con el mundo, vive, duda, observa y luego estaré encantado de que me lo cuentes. Eso sí, hazlo de la mejor manera posible, recuerda: baila como una mariposa, pica como una avispa.

¿Qué se preguntan tus lectores?

Leemos para saber que no estamos solos.
William Nicholson.

Todo lector se pregunta algo cuando avanza por las páginas de un libro. Leemos ficción porque subyace una pregunta y queremos obtener respuesta a esa pregunta. Más allá de la musicalidad que provocan las palabras, ese es el motivo por el que pasamos las páginas. ¿Conseguirán Romeo y Julieta superar las dificultades que imponen sus situaciones familiares para poder vivir su amor en libertad? (*Romeo y Julieta*, W. Shakespeare). ¿Encontrará el joven Jim Hawkins el tesoro escondido en la isla? (*La isla del tesoro*, Robert Louis Stevenson).

Se trata del famoso conflicto narrativo del que habrás oído hablar en tantas ocasiones y que está muy relacionado con el objetivo del personaje (todo personaje desea algo que no le es fácil conseguir o nosotros no se lo tenemos que poner fácil).

Si no hay conflicto, no hay trama, solo una sucesión de acciones sin relación causal entre ellas. La cuestión no es que sucedan muchas cosas, sino que las cosas que sucedan tengan relación entre sí.

Decía Saramago que los escritores vivimos de la infelicidad del mundo. Si todo está bien no tendríamos nada que contar. El conflicto puede estar en el interior o en el exterior de los personajes, o en ambos, pero debe haber uno. Y, por supuesto, no ha de explicarse, ha de mostrarse. Tiene que ser el lector quien lo perciba. ¿Qué tiene que ver el conflicto con la pregunta que subyace? Todo. Me explico.

Es por eso por lo que el lector desea seguir leyendo. Quiere saber quién es el asesino de Ratchett en *Asesinato en el Orient Express* o si Charlie Barber y Nicole conseguirán divorciarse sin odiarse para siempre, y sin que eso afecte a la relación con su hijo, en *Historia de un matrimonio.*

Además, la pregunta ha de plantearse en las primeras páginas de nuestra historia. Creo que era Coppola quien aseguraba que si a los quince minutos de una película uno no sabe todavía de qué trata, abandona la sala. También decía Foster Wallace que las primeras páginas de un libro solo sirven para que el lector no desee arrojarlo contra la pared.

Sí, de acuerdo, en el caso de una película, la mayoría de los espectadores no lo hace porque tiene la mala costumbre de pensar que como se ha gastado ocho euros en la entrada, le compensa también perder su tiempo, además del dinero, aunque le aburra soberanamente lo que ve en la pantalla. Pero seguro que la fulminaría si estuviera sentado en el sillón de casa y hubiese pinchado en cualquiera de las plataformas de su *smart tv.*

Si el lector no se cuestionase nada, no desease saber nada, ¿por qué querría seguir leyendo? Nos interesa una historia porque nos interesa cuál es el destino final de los personajes que la conforman, de los personajes que la protagonizan. Si finalmente conseguirán el trabajo que soñaban, si serán capaces de estar al lado de la persona a la que aman, si el detective sabrá quién es el asesino o si aparecerá el tesoro oculto.

Esta pregunta es la que encierra el conflicto y el conflicto es fundamental dentro de cualquier narrativa, ya sea literatura, cine o teatro. Dejadme ser taxativo, aunque no sea del todo cierto: si no hay conflicto, no hay narrativa.

Si al terminar el relato o la novela, el lector no ha obtenido respuestas pensará que ha perdido el tiempo con la lectura y se sentirá decepcionado. Y además tiene que obtener una respuesta adecuada a la pregunta que se ha planteado. Quiero decir, si el lector ha estado todo el tiempo pendiente de si una pareja conseguirá divorciarse con dignidad, la respuesta final no puede ser que él obtendrá un trabajo estupendo en otra ciudad del país. A no ser que ese trabajo sea el que da respuesta a la pregunta.

Todo lo que no está centrado en la pregunta principal (en el conflicto) desvía la atención del lector y hace que no tenga claro de qué va la historia. Y cuando alguien no tiene claro de qué va la historia, deja de leer.

Pregúntate qué se están preguntando, a su vez, tus lectores y trata de potenciarlo. Si la respuesta es nada, tienes un problema.

También debes tener en cuenta que los personajes deben ser activos ante su conflicto. La resolución no puede llegar de un modo azaroso. El lector suele aceptar mal la fortuna, sobre todo cuando juega a favor del personaje. Sí, queremos que nuestro personaje lo pase mal, aunque finalmente todo acabe bien, pero en ningún caso por azar, sino por su intervención.

Te pongo un ejemplo que quizá te sirva.

Imagina un triángulo amoroso. Un hombre que se ha enamorado de otra mujer, quizá una compañera de trabajo, y no es capaz de decidir si continuar con la seguridad que le aporta su matrimonio o decantarse por el nuevo amor con todo lo que eso conlleva: emoción, sentirse vivo de nuevo, pero también una pérdida obvia. Ahí está nuestra pregunta, ¿cuál será su decisión?, resumiendo mucho.

Bien, imagina ahora que una de las dos mujeres con las que comparte su vida muere repentinamente en un accidente de tráfico sin que él haya tomado una decisión al respecto. Más allá del drama, decisión tomada, ¿no es así? La vida se lo ha puesto en bandeja, no le queda otra. Novela terminada y a otra cosa.

Pues no, esta no es una respuesta a la pregunta. El azar no puede responder porque la pregunta era ¿por quién se decidirá él? Y él no ha decidido nada de nada.

Otra cosa sería que nos enterásemos de la muerte después de que él ya había tomado una decisión, precisamente la de quedarse con la mujer que lamentablemente ha fallecido. No estaría mal como final, creo.

También debemos entender que la vida real y la trama son tableros de juego completamente diferentes.

En la vida real suceden muchas cosas que son fruto del mero azar, aunque tengamos la tendencia a pensar que todo lo bueno que nos sucede es mérito nuestro y todo lo malo no tiene nada que ver con nosotros. Pero este es otro tema.

Sea como sea, en la narrativa, la trama debe estar cosida por relaciones de causa y efecto. Es decir, las cosas deben suceder por algo, no pueden ser resueltas por la mera fortuna.

Si en la vida real apareciese un dinosaurio en medio de la Gran Vía o cayese un meteorito en el centro de la Plaza Roja, pongamos por caso, no nos quedará más remedio que creérnoslo sin más. Ha sucedido y no hay nada que debatir al respecto, ahí está el gigante prehistórico o el agujero en la tierra para quedar demostrado. No podemos cerrar el libro de la vida porque no nos gusta o no consideremos verosímil el punto de giro que ha tomado. Tenemos que aceptar lo que nos depara la vida, no hay otra. Como decía Shakespeare, la vida reparte las cartas, aunque seamos nosotros los que juguemos.

Sin embargo, en la narrativa el lector no necesita de la realidad, necesita de la verosimilitud. Es por eso por lo que yo siempre les digo a mis alumnos en las clases de escritura que nuestro oficio es más complicado que el de Dios. A fin de cuentas, Dios puede hacer lo que le plazca sin que nadie se lo cuestione. Pero nosotros, los escritores, estamos obligados a que las reacciones de nuestros personajes sean lógicas en función lo que nosotros hayamos establecido para ellos.

En ningún caso entendamos por lógicas que sean previsibles. Por supuesto que una parte importante de la narrativa, de la que quizá hablemos más adelante, es la sorpresa y el suspense, pero eso no va en contra de la lógica.

En el ejemplo anterior, nuestro personaje podrá debatirse entre la decisión de dejar a no a su mujer y largarse con su compañera de trabajo de la que se ha enamorado irremediablemente y, finalmente, decidir que prefiere estar solo o, sin más, cuando decide llevarlo a cabo su amante le confiesa que ella no se siente ya enamorada.

Pero lo que no es sensato es que cuando esté a punto de abandonar a su mujer sea secuestrado por una banda terrorista y no pueda exponer sus sentimientos, tal y como tenía previsto.

El lector ha acumulado su tensión narrativa en las desventuras amorosas de nuestro personaje y, por muy emocionante que nos parezca que una banda terrorista le secuestre, se sentirá defraudado si este es el punto de giro que damos a nuestro conflicto.

Mucho más si este es el final de nuestra historia. Porque, como antes decíamos, el lector pretende obtener una respuesta a la pregunta que se ha estado planteando durante toda la historia y, obviamente, la respuesta a esta pregunta jamás será que una banda terrorista le secuestra.

En cualquier caso, espero que hayas comprendido lo que quiero decirte.

Todos los personajes son importantes

Al escribir una novela, un escritor debe crear personas vivas; personas, no personajes. Un personaje es una caricatura.
Ernest Hemingway.

No solo los escritores novatos, también escritores con cierto bagaje tienden a pensar que el éxito de un relato o de una novela reside en la trama, en su enredo, y desatienden por completo sus personajes. Por supuesto que la trama tiene su importancia. Sobre todo, en lo que se refiere al manejo de la misma, a su estructura, a no dejar nada al azar y que todo quede lo suficientemente cosido, a su capacidad de sorpresa y suspense, a tratar de ofrecer al lector la misma historia de siempre (porque siempre contamos las mismas historias, no lo dudes) de un modo diferente.

Pero, insisto, lo más importante de cualquier historia son sus personajes. Si tienes un buen personaje, si el lector es capaz de comprender la complejidad de sus sentimientos, sus aristas, sus matices, tienes más de media historia en tus manos y muy mal tienes que hacer el resto para que se te caiga.

Nuestros personajes no pueden ser gente que pulula por nuestra historia con el objetivo de decir algo para que suceda algo. Los personajes no están al servicio de la trama, la trama está al servicio de los personajes. No podemos forzar sus acciones por el simple hecho de que necesitemos un punto de giro concreto. El lector no lo percibirá como una sorpresa, sino como una situación incoherente. Si necesitamos ese punto de giro, debemos ser capaces de conducir hasta ahí al personaje de un modo natural. Para el lector todo lo que sucede dentro de las páginas de un libro tiene que estar justificado. En esa relectura mental hacia atrás que todos hacemos al concluir el libro, el comportamiento de los personajes en una historia ha de resultar lógico. Lo que en ningún caso significa que tenga por qué ser previsible.

No hay historia si no hay personajes.

Han de tener sentimientos que el lector comprenda. Ya lo he dicho antes, no se trata de que justifique sus sentimientos, pero sí que los comprenda, de que empatice con ellos. Deben tener una personalidad.

Nuestros personajes han de parecer seres humanos de verdad con todo lo que eso implica, no tienen que resultar planos a ojos del lector. No es cuestión de que exista la maldad o la bondad absoluta, allá tú si quieres polarizar el mundo en tu vida privada y no moverte en una escala de grises. Pero si quieres que el lector de ficción crea en tus personajes deberían estar cargados de tonalidades. Llenos de dudas, de miedos, de incertidumbre, de inseguridades, de recelos, de vulnerabilidad...

Incluso «las buenas personas», signifique esto lo que signifique, dañamos, mentimos en ocasiones, nos mostramos celosos, envidiosos... A veces sin querer y otras perfectamente conscientes de lo que hacemos, pero movidos por nuestros bajos instintos. Esto no significa que merezcamos el infierno, por supuesto, simplemente que somos seres humanos y nos comportamos como tal.

Por otro lado, todos los personajes que aparecen en nuestra historia deben tener una importancia dentro de ella. Si no es así, deberían desaparecer. Nadie debería estar en una historia si no cumple en ella una función concreta.

¿Alguien se imagina que en una obra de teatro apareciera un personaje encima del escenario y que su intervención no tuviese una mínima relevancia, por pequeña que fuese, dentro de la trama? Mientras se produce una disputa de una pareja de amigos, por ejemplo, un tercero permanece en el escenario regando las plantas o bebiendo una copa de vino y los observa sin la más mínima participación dentro de la disputa. Cualquier espectador que estuviera sentado en su butaca pensaría: «¿qué hace en escena ese tipo?» y le acabaría por parecer ridícula la situación. Perfecto, si estamos construyendo teatro del absurdo. Pero si no es así, tenemos un problema.

Los personajes principales son los que sostienen el conflicto y, por lo tanto, la trama. Como ya hemos dicho antes, el conflicto ha de mostrarse y de camino cómo son nuestros personajes principales, cómo se comportan ante él. Ha de ser el lector quien ponga palabras a sus sentimientos y quien descubra su personalidad a través de sus acciones, de sus diálogos, de su manera de pensar. En definitiva, a través de su interactuación con el resto de personajes de nuestra historia y, por supuesto, a través de su reacción ante lo que sucede. No tiene sentido que expliquemos a nuestros lectores que Jaime es un tirano o que Julián es un cobarde. Es el lector quien debe descubrirlo por sí mismo y quien debe juzgar a los personajes que está viendo (sí, viendo) como más le plazca.

En la vida real descubrimos y juzgamos a las personas con quienes nos relacionamos por su manera de interactuar con su entorno y las decisiones que toman ante lo que les sucede. No nos acompaña una voz en *off* que nos explique cómo es nuestra compañera de trabajo o el tutor de nuestro hijo cuando estamos reunidos con él. Pues tampoco hagas que a tus lectores les acompañe esa voz en *off* constantemente. Preséntales la vida dentro de la página y deja que sea él quien decida lo que piensa sobre lo que está sucediendo.

Por eso los personajes secundarios, que, como sabes, son los que sin sostener el conflicto tienen una cierta relevancia dentro de la trama, han de servir para potenciar las características que queremos resaltar de nuestros personajes principales. El jefe está para indicarnos que nuestro personaje principal es un cobarde pusilánime que no se atreve a rebelarse contra su insustancial vida, mientras paga sus frustraciones y su amargura en casa con su mujer y sus hijos.

Si los personajes secundarios no tienen que ver nada con tu personaje principal o no se relacionan con él de un modo significativo, es obvio que deben desaparecer de tu historia, pues no tienen ninguna función dentro de ella. Son como ese amigo que bebía vino o regaba las plantas en medio de una disputa en nuestra obra de teatro.

Quizá te estés preguntando qué sucede entonces con las tramas B que presentan la mayoría de las novelas, tramas que, *a priori*, se presentan al margen de la trama principal.

Por supuesto que suelen existir, dentro de una historia larga, eso que llamamos trama B. Es más, diría que es necesario en todas las novelas. Déjame que utilice un símil que, en principio, puede parecer forzado, pero que creo que es bastante gráfico. La trama A sería como la tubería principal que distribuye el agua, en este caso que transmite la tensión narrativa al lector. Si solo tenemos una tubería, es posible que acabe reventando por haber metido demasiada presión dentro de ella. Necesitamos rebajar la presión (la tensión narrativa) en pequeñas tuberías (tramas b) que puedan relajar la tensión de la tubería principal. Pero estas tuberías han de estar conectadas a la tubería principal y tener alguna influencia dentro de ella, incluso ser partícipes de la resolución del conflicto. Todas las tuberías deberían desembocar al final de tu novela en el mismo desagüe.

Si caminan en paralelo, si el lector no es capaz de conectar las tuberías secundarias con la principal, tendrá la sensación de que no sabe de qué va tu historia. Piensa que hablar de demasiadas cosas a la vez es como no hablar de ninguna.

No sé si recuerdas la película de Fernando León de Aranoa, *Los lunes al sol.* En ella una serie de hombres desempleados buscan salidas de emergencia a sus vidas en un intento por rehacerlas tras el varapalo laboral. Llevado por la frustración, el personaje que interpreta Luis Tosar, José Suárez en la película, comienza a pagarlo con su pareja, incluso llega a maltratarla.

Pero si observas ambas historias están absolutamente conectadas. No sería lo mismo que por un lado la cinta nos contase la historia de unos hombres desempleados y, por otro, nos narrase la de un maltrato, sin que tuviese ninguna relación una cosa con la otra. El espectador se preguntaría de qué trata realmente lo que está viendo en pantalla.

Todas las palabras son importantes

La diferencia entre la palabra correcta y cualquier otra,
es como la diferencia entre un rayo y una luciérnaga.
Mark Twain.

En una ocasión le preguntaron a Stephen King cuál era su método de escritura. Respondió, no sin cierto sarcasmo, que primero escribía una palabra y después la siguiente, nunca en otro orden.

Más allá de lo ingenioso de la respuesta, lo que se le olvidó decir al escritor de *bestsellers* es que tampoco estaba de más elegir con cierto criterio las palabras que uno pone y el orden en el que las coloca.

Debemos ser conscientes de que cada una de las frases, cada una de las palabras genera y evoca una sensación en los lectores y, por lo tanto, no deberían estar dentro de nuestro texto si no contribuyen a provocar la emoción que verdaderamente queremos conseguir en ellos.

Antes hablábamos de que el lector debe ser quien descubra y quien interprete a cada uno de nuestros personajes. Pero, evidentemente, su interpretación vendrá determinada por las palabras que nosotros utilicemos para describirlos y, sobre todo, que empleemos en cada uno de sus diálogos y sus acciones para mostrárselos.

Si no elegimos la expresión adecuada, en función de los matices que queramos aportar, puede que estemos convirtiendo a nuestro personaje en alguien agresivo, que se enfada más de la cuenta o que muestra cierta violencia ante cualquier situación, cuando lo único que tratábamos de representar era su malestar o su disgusto ante un pequeño inconveniente laboral.

No porque alguien esté enfadado, por ejemplo, debe gritar o romper cosas. Hay diferentes modos de abordar una discusión y eso, por supuesto, nos convierte en personas diferentes que tenemos maneras de relacionarnos diferentes ante lo que nos sucede. Por eso tenemos que ser cuidadosos a la hora de elegir las palabras que representarán a nuestros personajes y los detalles concretos para expresar la sutileza de sus acciones.

En ocasiones, cuando corrijo a mis alumnos algunos de sus textos les pregunto, por ejemplo, por qué su protagonista es egoísta de pronto cuando no parecía serlo. No, no, no es egoísta, me responden, era simplemente que estaba un poco susceptible. Ya, pero eso no es lo que representan tus palabras y no vas a estar al lado de cada uno de tus lectores para revelarles qué querías decir realmente mientras leen tu novela, les explico.

Además, como te decía, cada una de las palabras aporta un matiz diferente a la frase y a la prosa. Una palabra bien elegida expande el significado y aumenta las tonalidades en el cerebro del lector. Olvídate del botón derecho del *word* para buscar sinónimos y trata de esforzarte un poco en elegir el mejor vocablo.

Ten en cuenta que la base principal del lenguaje es el sustantivo y el predicado. Los verbos y los nombres. Los adverbios y los adjetivos, en definitiva, los modificadores gramaticales, complementan al verbo y al nombre, pero no tienen un significado por sí mismo. Es a la hora de elegir el sustantivo y el verbo, donde principalmente tendrás que poner todos tus esfuerzos.

¿Recuerdas la serie de películas de Tarzán, sobre todo las que interpretó el nadador Johnny Weissmüller? El hombre criado entre los monos hablaba solo con sustantivos y verbos sin conjugar: querer comida, querer a Jane, etc. Sí, era bastante ridículo, pero nos trasmitía muy bien esa bondad y salvajismo que su director quería que viésemos en él. El caso es que se le entendía perfectamente. Sí, de un modo muy primario, si quieres, pero se le entendía, a fin de cuentas. Prueba a hacer lo mismo solo con adjetivos y adverbios, verás que la frase carece de significado: rojo dubitativo, débil misterioso... Imposible saber a qué nos estamos refiriendo.

Decía el escritor francocubano Alejo Carpentier que los adjetivos son las arrugas del estilo. Yo que tú me lo anotaría y lo dejaría bien visible a la hora de escribir para tenerlo en cuenta, porque algo de esto hay.

Desconfía de la prosa que está recargada con cantidad de adjetivos o adverbios. No digo que necesariamente sea una mala prosa, solo que desconfíes. Sí, puede ser parte de un estilo digamos más barroco o más engolado. Pero también puede ser, sobre todo si eres un escritor novato, que no estés eligiendo de manera adecuada los sustantivos y los verbos y necesites modificarlos constantemente para que se aproximen a lo que quieres decir. A los principiantes les encantan los adjetivos y recargar las frases. Piensan que así consiguen embellecerlas. Pero el adjetivo suele ser el colesterol de la prosa, como dice mi amigo el poeta Óscar Santos. Es conveniente que no tenga un exceso para que no la dañe. Mi consejo es que solo uses el adjetivo cuando te aporte un matiz imprescindible, cuando suprimiéndolo la frase pierda parte de su tonalidad.

No se trata de escribir con palabras cultas o de que impresiones al lector con un lenguaje impostado. No, escribir bien no tiene nada que ver con eso. Tu lenguaje debe parecer sencillo, el lector debe fluir por la prosa como si condujera una bicicleta por un velódromo, no como si estuviese subido encima de una bici de montaña y transitase por un camino lleno de baches. Pero, sin embargo, tu prosa debe ser precisa. Recuerda, sencilla, pero precisa. Aspirar a ello no es tarea fácil.

El lenguaje escrito no es exactamente igual que el lenguaje oral. Entre otras cosas porque en el lenguaje escrito no existe la comunicación no verbal para apoyar lo que expresan nuestras palabras, tan importante en ocasiones en el lenguaje oral.

Tampoco olvides el uso del lenguaje poético dentro de tus textos. El lenguaje poético es una de las virtudes de tu literatura, no impidas a tus lectores que disfruten de él.

Y no solo se trata de un mero placer estético. La conexión que se produce con el lector cuando una metáfora o un símil es acertado es mucho más efectiva que el uso del lenguaje directo. Aunque obviamente la prosa se compone de una mezcla entre lenguaje poético y lenguaje directo, que debemos elegir de manera adecuada.

Déjame añadir, además, que el lenguaje poético debe ser propio. Has de crear tus propias metáforas, tus propios símiles, tus propias sinestesias. Usar tópicos manidos te convertirá a ojos del lector en un escritor mediocre, vulgar, falto de recursos.

Tenemos que construir nuestro lenguaje poético desde nuestra realidad y no desde un ideario literario lleno de lugares comunes: «Me sentía tan nostálgico como alguien que mira al mar en otoño». No significa absolutamente nada, te lo puedo asegurar. No recuerdo que me haya sentido nostálgico ni una sola vez de las que he mirado el mar, fuese otoño o primavera. Bueno, quizá un par de ellas, pero como me hubiera sentido si estuviese estado sentado en una terraza tomando un café en medio de cualquier ciudad de interior. Si no somos capaces de definir la nostalgia o de acercar al lector a ella, hablemos de otras cosas, de lo que sí somos capaces de definir, o las historias perderán verosimilitud.

Probablemente el primero que comparó la belleza del amor y el dolor que en ocasiones provoca con las rosas y sus espinas hizo poesía y consiguió impactar en los oídos de los que lo escucharon. Pero los equis millones de personas que lo hicieron posteriormente simplemente contribuyeron al tópico y a reproducir una frase hueca. Lo mismo te digo con los ojos azules como el mar de tu protagonista o los cabellos dorados como el sol. Olvídate incluso del color de los ojos, sea cual sea, y de los cabellos a no ser que tengan alguna relevancia dentro de la trama o sean importantes para entender el comportamiento de tu protagonista. Qué se yo, que un pelo en el lugar del crimen sea fundamental para averiguar quién es el asesino.

Por el amor de Dios, no pretendas vender eso como original y ten un poco de respeto por la literatura y, de camino, por tus lectores.

Escribe de lo que sabes

Di la verdad a través de cualquier velo que
tengas a mano... pero di la verdad.
Zadie Smith.

Cuando digo que escribas de lo que conoces, no me refiero a que tus lectores deban estar al tanto de tu autobiografía con pelos y señales. Ni siquiera creo que les incumba lo más mínimo, no creo que tu vida sea tan interesante. Pero sí de que lo que lean suene a verdad, tenga alma. Nadie quiere leer historias que carezcan de pegada, de alma. Los lectores buscan honestidad dentro de las páginas de un libro, si no se la das, no entenderán por qué te han dado un voto de confianza y han gastado unos euros en ti. Además de perder su tiempo.

Es imposible conseguir esa honestidad si estás escribiendo lo que desconoces. La literatura está compuesta de pequeños detalles, ya lo sabes (y si no es así, deberías saberlo), que muestran mucho más que párrafos y párrafos. No puedes conocer los detalles de algo que no has vivido o que no has observado con tus propios ojos.

Repito, no estoy hablando de contar con pelos y señales el distanciamiento con tu padre, tu deseo sexual hacia otras personas más allá de tu pareja, tu cobardía a la hora de enfrentar un problema... O sí, eso lo decides tú. Simplemente se trata de que sepas de qué estás hablando y de que conozcas de primera mano los sentimientos que pasan por la cabeza de los personajes. Digo sus sentimientos, digo sus obsesiones, digo sus debilidades, digo sus frustraciones, digo sus fracasos…

Pero, además, ¿cómo podría alguien escribir de lo que no sabe? ¿Se puede escribir de otra cosa que no sea de lo que uno conoce? Y, sobre todo, ¿qué interés habría en hacerlo?

Escribimos, ya te lo ha dicho Bukowski al principio de este libro, porque nos sale ardiendo de dentro. ¿A quién le puede salir de dentro reflejar las angustias vitales de un habitante de la selva amazónica cuando no ha salido en su vida de Barcelona y sus preocupaciones son otras?

Quizá seamos personas empáticas y podamos ponernos en la piel de un subsahariano que cruza el estrecho en una patera, pero eso no significa que vayamos a ser capaces de contar cuál es su conflicto, más allá del tópico y de lo que podamos imaginar sobre sus miedos e incertidumbres. Además, sería un acto de prepotencia pensar que estamos más capacitados que nadie para contar una experiencia que nos es por completo ajena. Dejemos que la cuente alguien que sepa de qué habla y «disfrutemos» de ella.

¿Significa esto que tengo que acumular experiencias para poder escribir? Obviamente, la cantidad de experiencias que uno tiene ayuda. Creo que sería falso y condescendiente decir lo contrario. Vivir la vida ayuda a contarla, recuerda el título de García Márquez, *Vivir para contarla*. Me parece que resulta obvio. Pero en ningún caso te pido que salgas a emborracharte, apuestes, seas promiscuo y tengas una vida disoluta. Allá tú. Bukowski escribía sobre sus borracheras y las apuestas en el hipódromo. Kafka tuvo una vida más convencional, si quieres llamarla así, quizá por eso escribía sobre sus obsesiones: la angustia, la culpa, la burocracia, la frustración o la soledad.

Escribe simplemente con honestidad. Puede ser tan emocionante y tan atractiva para el lector y, por qué no, incluso inquietante, la historia de un oficinista o la historia de un narcotraficante.

¿Qué pasa entonces con las historias de ciencia ficción o las novelas históricas? ¡Vamos, no me vengas con esas! Sabes perfectamente a qué me refiero. A los personajes de esas novelas también les suceden cosas, ¿no crees? No estoy hablando del decorado, estoy hablando de los sentimientos. Ya te lo he dicho, no necesito que me cuentes tu vida, no me interesa. Solo me interesa leer buena literatura. Me interesa que cuando hables de los celos seas capaz de trasmitirlos con eficacia, o de la cobardía, la falsedad o la mezquindad. Los personajes de ciencia ficción también tienen sentimientos, ¿no crees? Rutger Hauer reescribió el parlamento final de *Blade Runner*, *Lágrimas en la lluvia*, en un momento de inspiración la noche antes. No es difícil pensar que su inspiración no partió exclusivamente de su interés o conocimiento por el mundo de los replicantes, ¿no te parece?

Escribir es exponerse

Abraza tus heridas y conviértelas en una obra de arte.
Nathalie Poza.

Sí, escribir es exponerse. En realidad, cualquier manifestación artística es exponerse y hay que tener una cierta valentía para llevarla a cabo. Creamos a partir de nuestros sentimientos, de nuestros miedos, de nuestras preocupaciones, de nuestras vulnerabilidades. Al menos tal y como yo concibo el arte.

Tiene relación con lo que hemos hablado anteriormente. Seguramente a ningún lector anónimo le interese qué hay de tu vida en cada uno de los personajes que pululan por las páginas de tus historias, con percibir la «verdad» que existe en ellos, más que suficiente. Pero ¿qué ocurre con la gente que convive contigo, qué hay, por ejemplo, de tu esposa o de tu marido? Es posible que se pregunten si cuando tu personaje se siente atrapado en medio de la rutina de una pareja te refieres a tu propia relación. O quizá tu madre se preocupe cuando descubra las tendencias suicidas de tu protagonista por tu estabilidad mental.

En primer lugar, no tienes por qué enseñar todo lo que escribes. Pero si decides publicarlo es posible que suceda.

Te contaré que cuando publiqué mis primeros libros tenía un cierto pudor a lo que pudiera pensar y sentir mi madre con respecto a mí. Muchos de los relatos que escribía estaban impregnados de eso que se llama realismo sucio: drogas, alcohol, sexo, relaciones homosexuales, fantasías suicidas... Desde que nacieron mis hijos tengo pudor a lo que puedan pensar ellos cuando lo lean en un futuro. Bueno, creo que es lógico, pero también conocen a su padre, o eso espero, y sabrán contextualizarlo dentro de lo que es la literatura. Y si piensan que hay algo de verdad, en el sentido literal, en lo que ahí se refleja, espero que comprendan que nadie es perfecto, tampoco ellos.

Sea como sea, no te queda más remedio que asumir ese nivel de exposición y confiar en que lo entiendan. Ellos quizá no escriban, pero tienen los mismos sentimientos que cualquier otro ser humano. A veces todos nos sentimos solos, a veces todos nos sentimos desenamorados, a veces todos nos sentimos resentidos, incluso a veces todos fantaseamos con el suicidio. La diferencia es que el escritor lo saca a la luz. El escritor vive de la infelicidad del mundo, ya te lo ha dicho Saramago. En un mundo feliz nadie escribiría.

Si no eres capaz de superar ese pudor, si te obsesiona el qué pensarán de mí, si piensas que no puedes manejarlo, te aconsejo que no publiques. Pero si escribes, hazlo de verdad. No te dejes nada dentro por temor a qué opinarán los que te rodean. Irá en contra de tus personajes, acabarán resultando de cartón piedra, meros prototipos que no interesarán al lector.

No es qué cuento, es cómo lo cuento

Solo hay dos reglas en la escritura: tener algo que contar y contarlo.
Oscar Wilde.

Creo que a estas alturas sería ingenuo pensar que vamos a sorprender o a enganchar al lector exclusivamente por lo que contamos. Probablemente no hay una historia ni un tema que no se haya tratado ya a lo largo de todos los siglos de literatura que llevamos a cuestas.

El siglo XIX fue el siglo donde la novela cobró su mayor auge. Hoy en día, me parece que no tiene sentido que las librerías sigan estando pobladas por novelas que imitan a las decimonónicas y tratan de sostenerse meramente por el interés que su argumento puede despertar en los lectores. Por supuesto que continuará habiendo novelas así, y probablemente es necesario e inevitable que las haya, pero pienso que ese tipo de novela debería estar superada como forma única de narración.

Una novela debe ser otra cosa para seguir siendo una novela. Como diría Lampedusa, algo tiene que cambiar para que todo siga igual.

¿Qué es una novela y, a fin de cuentas, que necesidad hay de definir las cosas? Un texto, de eso venimos hablando todo el tiempo, tiene que llegar al lector, convocarle, agitarle, golpearle.

Sin duda hay que leer a los clásicos y aprender de ellos, mucho: la construcción de los personajes, el manejo de los diálogos, la mirada, el uso de la palabra y tantas y tantas cosas. Pero también debemos superarlos. No podemos ser ajenos a nuestro tiempo, ellos no lo eran.

Chéjov no tenía Netflix, no disfrutaba de internet. No tenía ningún perfil en las redes sociales. Todo eso ha de influir de algún modo en nuestra manera de escribir. El mundo no es ajeno a la literatura. La literatura trata de reflejar el mundo, también en su forma. O, al menos, creo que debería tratar de hacerlo.

Hay que conocer las normas. Pero también debemos jugar con ellas, buscar sus límites, tratar de estirarlas para ver hasta dónde llegan y movernos entre las fronteras.

Creo que solo en las fronteras hay la posibilidad de un espacio de creación único. Digo la posibilidad, la esperanza, aunque no lo consigamos, porque es probable que no lo consigamos. Pero no podemos empeñarnos en hacer malas imitaciones de Wilde.

¿Por qué un ensayo no puede ser a la vez una novela y viceversa? ¿Por qué una crónica no puede ser también una novela? ¿Por qué no confundir ficción y realidad y difuminarlas en una misma cosa que sea a la vez ambas?

Me aburren soberanamente las novelas que miran al lector y tratan de decirle, fíjate que argumento más original, que historia más interesante he contado, a qué nunca la habías escuchado.

Demuestra un acto de arrogancia a la vez que de ignorancia. No escribas lo que ya todo el mundo ha escrito. O sí. Pero trata de llegar más allá. Trata de moverte por los márgenes del precipicio, aunque te despeñes por él. A veces es necesario despeñarse y después levantarse. Uno solo aprende de los errores. Solo crece cuando sale de su zona de confort.

Te pongo un ejemplo. Cuando adapté mi novela *Isbrük* y la llevé a teatro, *a priori* no podía expresar los pensamientos de sus dos personajes protagonistas, Anja y Andreas. Es un hándicap que tiene el cine y el teatro; es imposible meterse dentro de la cabeza de los personajes. Imposible saber lo que están pensando. ¿O no lo es? Precisamente fue ese reto, ese partir de un lugar imposible lo que me hizo plantear una dirección y una puesta en escena diferente a, digamos, la que suele ser lo convencional dentro del teatro. Al menos dentro del teatro en la actualidad. Aunque, cierto es, que hay muchas maneras de abordar el teatro y tampoco pretendo quedar de vanguardista.

Sea como sea, es probable que a muchos de los espectadores que tuvieron la oportunidad de ver la obra no les convenciese del todo, incluso que no les convenciese en absoluto; es imposible convencer a todo el mundo y tampoco creo que tenga la menor importancia no hacerlo. A mí, en cualquier caso, me permitió explorar otras posibilidades y aprender nuevas opciones, a pesar de que quizá en algunos puntos la ejecución no fuese totalmente acertada.

La literatura ha de ser juego y riesgo. Tampoco creo que la originalidad por la originalidad sea un valor en sí mismo. Desde luego no la originalidad mal entendida. Cualquiera puede rozar el absurdo, incluso en su día a día. ¿Por qué no ponerse un disfraz de payaso para ir a la oficina y así sorprender a todos los compañeros de trabajo? ¿Pero realmente eso aportaría algo?

No, no es eso de lo que hablo. Todo tiene que tener un por qué, una justificación. Tiene que resultar lógico para tus lectores a la vez que sorpresivo. Pero no limites tu creatividad a lo que ya conoces, a una mera repetición de una fórmula.

Te diría que escribas sin pensar en géneros. Sin plantearte que lo que estás tecleando forma parte de una novela, de un conjunto de relatos, de un ensayo o de un poemario. Son meras definiciones que castran el acto creativo. Haz lo que desees, arriesga, trata de inventar una nueva manera de contar las cosas. Ya veremos hasta dónde llegas.

Escribir es decidir qué no escribo

Un buen libro no es aquel que piensa por ti, sino aquel que te hace pensar.
James McCosh.

Soy asiduo a las librerías y a veces compro libros de manera compulsiva. Compro muchos más de los que mi tiempo me permite leer. Libros que se van acumulando en la estantería en espera de una oportunidad. Supongo que a cualquier lector no le resultará ajeno este comportamiento fetiche.

Algunos apenas los hojeo y los abandono. Pero rara vez compro un libro de más de 350 páginas de un autor actual a no ser que me lo haya recomendado alguien en cuyo criterio confíe verdaderamente, sobre todo si se trata de una novela. Puede ser que esté dejando fuera un buen puñado de buenos libros, no lo creo. Mi experiencia me dice que, en la mayoría de casos, a todos ellos les sobran más de cien páginas.

Descripciones alargadas e insufribles que detienen la acción y explicaciones innecesarias que debería poner el lector.

Tienes que tener claro que escribir también significa no escribir. O si lo quieres de otro modo, decidir qué no se escribe.

Todo el mundo ha tenido uno de estos libros entre manos y se ha saltado de golpe más de veinte páginas porque al autor le dio por abandonar su novela y rellenar líneas de inútil verborrea para describir el *hall* de un hotel que no tiene mayor influencia en la historia. O, peor aún, se ha sentido molesto porque después de mostrar el comportamiento de un personaje se ha detenido para explicar al lector cómo debe pensar o por qué Julia es una persona mezquina y egoísta. Por Dios, ya lo hemos visto, deja que seamos nosotros los que interpretemos a Julia y la juzguemos.

Sí, sé que muchos de los libros que más éxito de ventas tienen corresponden a este tipo de narrativa. No sé por qué sucede esto y estoy seguro de que, en la mayoría de casos, los propios autores también son conscientes de ello. Tiendo a pensar que es culpa de la impresión que el mercado editorial tiene sobre el gusto de los lectores y puede que tengan razón. Muchos de los lectores piensan, al menos de los lectores españoles, que si han pagado, pongamos, veinte euros por un libro, estarán mejor invertidos o más justificados en tanto en cuanto tengan más páginas, aunque se acaben saltando buena parte de ellas. O simplemente prefieren que una historia les dure mucho más tiempo entre sus manos.

Sinceramente, y aunque suene a menosprecio, no me interesa ese tipo de lector y ese tipo de literatura que lo único que trata es de rellenar páginas, aunque muchas de ellas no tengan más justificación que abultar el producto.

Es muy importante lo que escribes, pero quizá sea más importante lo que omites. En ocasiones una elipsis es la clave de un buen relato. Te podría poner mil ejemplos. Si no me crees, échale un ojo a los primeros siete minutos de la película infantil *Up*. Se trata de uno de los comienzos más maravillosos y emocionantes de la historia del cine. Una permanente elipsis creada a base de detalles bien escogidos que sirven para representar el amor y la lucha de un matrimonio a lo largo de toda una vida desde que se conocen de niños. Una joya que te mostrará la importancia de elegir bien qué es lo que uno cuenta y qué es lo que sugiera para que el lector lo complete.

La literatura, como explica Paul Auster, es una colaboración a partes iguales entre el autor y el lector. El lector debe sentirse partícipe de la historia, debe ser él quien la descubra y se posicione ante ella, quien la interprete bajo sus propios criterios. El lector también construye la historia con lo que no se cuenta, pero se presupone. Cuando lo explicamos todo, eliminamos la participación de los lectores y anulamos su interpretación y su posicionamiento ante lo que está viendo.

Respecto a las pobladas descripciones, quizá me dirás que también las realizaban los clásicos. Esos autores de los que hablábamos antes del s. XIX: Dickens, Dostoyevski, qué se yo. Lo hemos comentado antes, cada uno debe escribir desde la perspectiva que le da su tiempo. Aprende de ellos lo que es necesario aprender y obvia lo que, hoy en día, es inútil.

Piensa que en el s. XIX solo unos pocos privilegiados habían salido de su lugar de nacimiento. Apenas tenían conocimiento de qué había más allá de diez kilómetros a la redonda. Esas descripciones eran para ellos casi una guía de viaje anexa a la novela que se bebían con verdadera pasión.

En nuestro tiempo es raro quien no ha visitado más de siete países, incluso quien no ha viajado a otros continentes. Pero incluso aquellos que no los han visitado, también los han visitado. Contamos con el cine, las series y, por supuesto, internet. Tan solo hace falta un clic para obtener más de cien entradas en Google de aquello que nos interesa, incluyendo fotos a color de todo tipo.

Tengo cantidad de amigos que me han contado que la primera vez que viajaron a Nueva York tenían la impresión de haberla conocido ya, de haber estado allí. Y de algún modo supongo que así es. Todos hemos estado en Nueva York o Berlín, o en cualquier hotel de lujo, aunque no hayamos estado nunca. Al menos en el plano descriptivo, por supuesto no en el sentimental.

Haz que toda tu literatura cuente, que todas tus palabras sean lo más imprescindibles posible y convierte al lector en inteligente. No le expliques más de la cuenta. Créeme, te lo agradecerá.

El relato: un deporte diferente

La brevedad es el alma del ingenio.
William Shakespeare.

Creo que el relato como género merece un capítulo aparte dentro de este libro.

La mayoría de los talleres o cursos de escritura creativa, incluyendo el mío, trabajan principalmente con el relato. En primer lugar, porque es lo más práctico, en clases que se desarrollan de semana en semana, tanto a la hora de plantear ejercicios para que el alumno practique como a la hora de realizar lecturas en el aula con las que mostrarle diferentes aspectos de la escritura. Además, estoy convencido de que tú también escribes textos breves, acudas o no a un taller de escritura. Quizá porque tu tiempo de escritura es limitado.

Sin embargo, España no es un país donde el género del relato sume gran cantidad de lectores, probablemente porque se trata de un país de lectores ocasionales, que apenas compran libros en vacaciones o en periodos de asueto y prefieren una novela que les aguante los días de descanso en la playa o en la casa rural de turno. Así que sucede que la mayoría de escritores aficionados que escriben relatos, aunque sea por obligación dentro de los talleres, no leen relato.

Sea como sea, generalmente me encuentro que la mayoría de alumnos que acuden a mis cursos, abordan, al menos en un primer momento, la escritura del relato con las mismas claves de la novela, sin entender que se trata de deportes diferentes con reglas diferentes. Al igual que la poesía poco tiene que ver con el ensayo.

Si me permites el símil es como si Rafa Nadal jugase al pádel pensando que está jugando al tenis. Por supuesto que habría muchas cosas que le resultaría más fácil asimilar: el manejo de la raqueta, el contacto con la pelota, la forma física... Pero habría muchas otras a las que se tendría que adaptar si quiere ser un jugador competitivo y optar a títulos, al igual que opta cuando practica tenis.

Ocurre lo mismo con la novela y el relato. La precisión en el lenguaje, el manejo del lenguaje poético, el uso exacto de la gramática, la construcción de los diálogos... probablemente sea algo común en ambas disciplinas, en ambos deportes.

Pero intentar condensar en un relato, como muchas veces suele suceder, la trama y los puntos de giro de los que consta una novela no tiene ningún sentido. O al menos no del mismo modo que trataríamos de hacerlo en una novela.

La mayor parte de las veces que en un relato intentamos sorprender, en apenas diez páginas, con puntos de giro que nos ocuparían toda una novela de trescientas, sucede que desatendemos los personajes y olvidamos sus motivaciones. Lo que hace que al lector le acaben por resultar planos. Y creo que ya ha quedado claro que los personajes son lo más importante de una novela.

El relato no es un paso previo a escribir novelas (aunque muchos escritores se vean obligados a hacerlo por una simple cuestión comercial), igual que el fútbol sala no es un paso previo al fútbol once y hay profesionales de uno y otro deporte.

Como siempre, mi consejo es que, si vas a abordar el género del relato, aunque sea como escritor aficionado, también te molestes en aficionarte a su lectura. Comprender y asimilar sus reglas te ayudará a ponerlas en práctica con mayor efectividad.

En las próximas páginas intentaré aportarte algunos consejos, sobre todo acerca de su estructura y quizá también hablemos del microrrelato, otro género en sí mismo, que creo que además ayuda a trabajar ciertos aspectos que toda buena literatura debe poseer.

Para empezar, ten en cuenta, insisto, que en el relato (sí, en toda la literatura) es importantísimo el personaje. Entender sus motivaciones y su conflicto. En la mayoría de los casos el conflicto parte de una situación mínima y apenas se trata de una escena, casi una anécdota, que parece insustancial, pero que debajo encierra algo de mayor calado. Y, si te parece, lo dejamos aquí y enlazamos con la teoría de Ricardo Piglia que puede que te clarifique mejor algunas dudas.

Formas de estructurar un relato

No me fastidien con el estilo ni con la estructura: esto no es una novela, carajo. Me estoy jugando la vida.
Mario Levrero.

Cuenta el escritor argentino Ricardo Piglia en su libro *Formas breves*, que todo buen relato debe reunir dos historias: la historia visible y la historia secreta.

La teoría de Ricardo Piglia parte de una nota que se encuentra en uno de los cuadernos de Chéjov tras su muerte. La nota decía: «Un hombre, en Montecarlo, va al casino, gana un millón, vuelve a casa, se suicida».

Creo, al igual que Piglia, que un buen relato debe reunir dos historias. Lo primero que tenemos que descubrir es cuáles son nuestras dos historias. La visible es la más obvia. Viene determinada por el protagonista y su conflicto. Es la trama principal que encauza la acción, que hace que avance.

La historia secreta será la encargada de mostrar el tema, el tono, la premisa del autor y nos mostrará esa verdad secreta que se halla escondida en nuestra historia.

Una vez que ya tenemos la historia visible y la historia secreta hay que decidir cuándo emergerá la historia secreta y con ello qué estructura tendrá nuestra historia. Según las tesis de Piglia, hay tres posibles maneras de estructurar un cuento, probablemente estas son las tres escuelas en las que se mueve cualquier relatista.

1. Estructura del cuento clásico o de Poe. La estructura clásica se basa en la sorpresa y la historia secreta se cruza con la historia visible al final, dando pie al clímax y a la resolución de la narración. *El sexto sentido* sería un ejemplo actual de este tipo de estructura.

2. Estructura kafkiana. La estructura kafkiana se basa en el suspense. El espectador conoce la historia secreta desde el principio y el relato nos narra qué va a pasar a los personajes sabiendo todo ya desde el inicio.

   Sabemos desde el comienzo de la *Metamorfosis* que Gregorio Samsa ha amanecido convertido en una cucaracha. El objetivo por lo tanto de Kafka no es sorprender al lector, sino potenciar el suspense. ¿Cómo vivirá ahora Gregorio Samsa en su nuevo estado? Ahí es donde Kafka acumula la tensión narrativa, en saber cómo solventará Gregorio Samsa la situación que le ha sobrevenido y cómo se adaptará a ella.

3. Estructura de cuento moderno o teoría del iceberg. La estructura de cuento moderno funde las dos historias en una o incluso omite la historia secreta, como haría Hemingway.

   Para Hemingway es tan importante lo que no se dice como lo que se cuenta. De hecho, lo verdaderamente importante de la historia es lo que está debajo. Lo que subyace a ella.

   Pero, obviamente, para que el lector pueda componerse todo lo que hay debajo hay que elegir muy bien las palabras que mostramos. También lo que no contamos y queremos que él complete.

Aunque fue Hemingway quien teorizó esta manera de abordar un relato, quizá sea Raymond Carver el mejor exponente con sus historias mínimas en las que subyace mucho más de lo que aparentemente se cuenta. Y sea A. Chéjov el padre de todos los narradores modernos que la practican.

Edgar Allan Poe, uno de los padres del relato, también nos hablaba de la unidad de efecto en el cuento o relato. A mi entender, está muy relacionado con la teoría de Piglia y no deja de ser una forma de expresar lo mismo de otro modo.

Aseguraba Poe que un relato está concebido, a diferencia de una novela, para ser leído de una sola sentada, sin interrupciones, ya que es tan importante lo que se narra en él como el efecto que produce en el lector. Si se interrumpe su lectura, este efecto deja de producirse o pierde su intensidad.

Para ello es necesario que el cuento no tenga demasiados personajes ni escenarios, pero sobre todo que no disperse sus líneas argumentales.

Si cabe, en el cuento cada una de las palabras que elijamos tiene que ser todavía más precisa que en la novela. Hay mucho menos lugar a error. Cualquier grieta dentro de él se hace mucho más patente y puede tirar por tierra todo el relato.

El microcuento

El arte de escribir es decir mucho con pocas palabras.
Anton Chéjov.

Creo que la escritura de microcuentos es un buen ejercicio para tratar de poner en práctica cierta economía a la que todo buen relato debe aspirar. El microcuento, lejos de ser un género menor, nos obliga a poner de manifiesto virtudes que deberían estar presentes en toda la narrativa, independientemente de su extensión. Entre ellas, precisión con el lenguaje y concisión. Aquí te dejo algo así como un decálogo de lo que debes tener en cuenta para escribir un buen microcuento. Aunque tampoco interpretes nada como una máxima. Por supuesto, existen todas la matizaciones del mundo ante cualquiera de estos puntos. La literatura no es una ciencia exacta. Afortunadamente.

DECÁLOGO PARA ESCRIBIR MICROCUENTOS

1. Un microcuento es una historia mínima que no necesita más que unas pocas líneas para ser contada, y no el resumen de un cuento más largo.

2. Un microcuento no es una anécdota, ni una greguería, ni una ocurrencia ni un chiste. Como todos los relatos, el microcuento tiene planteamiento, nudo y desenlace y su objetivo es contar un cambio, cómo se resuelve el conflicto que se plantea en las primeras líneas. Es decir, el microcuento tiene narratividad.

3. Lo normal es que el periodo de tiempo que se narre sea corto. Es decir, no trascurrirá mucho tiempo entre el principio y el final de la historia.

4. Es conveniente que no se produzca una excesiva acumulación de personajes. Por lo general, para un microcuento tres personajes ya son multitud.

5. El microcuento suele suceder en un solo escenario, dos a lo sumo. Son poco habituales los microcuentos con escenarios múltiples.

6. Para evitar alargarnos en la presentación y descripción de espacios y personajes, es aconsejable seleccionar bien los detalles con los que serán descritos. Un detalle bien elegido puede decirlo todo.

7. Un microcuento es, sobre todo, un ejercicio de precisión a la hora contar y en el uso del lenguaje. Es muy importante seleccionar lo que se cuenta (y también lo que no se cuenta), y encontrar las palabras justas y precisas que lo cuenten mejor. Por esta razón, en un microcuento el título es esencial: no ha de ser superfluo, es bueno que entre a formar parte de la historia y, con una extensión mínima, ha de desvelar algo importante. Aquí el título, como muchas veces sucede en una novela, no es un mero gancho comercial.

8. Pese a su reducida extensión y a lo mínimo del suceso que narran, los microcuentos suelen tener un significado de orden superior. Es decir, cuentan algo muy pequeño, pero que tiene un significado muy grande.

9. Es conveniente evitar las descripciones abstractas, las explicaciones, los juicios de valor y nunca hay que tratar de convencer al lector de lo que tiene que sentir. Debemos pintar con palabras, dibujar las escenas ante los ojos del lector para que este pueda conmoverse (o no) con ellas.

10. Trata de ser original. Atrévete, arriesga, no te quedes en el tópico. Uno no escribe (ni microcuentos ni nada) para narrar lo ya narrado mil veces.

En el fondo, si analizas bien cada uno de estos diez puntos, no difieren mucho de los consejos que te he ido dando durante todo este libro para la literatura y la escritura en general. Por eso, como te decía, creo que el microcuento es un buen laboratorio para poner en práctica muchas de las virtudes que te serán útiles adquirir para todo tipo de textos.

¿Para qué sirve una escena?

Cuando escribo una escena, a veces, cierro los ojos y esbozo los movimientos, las caras... Convivo durante mucho tiempo con mis personajes antes de empezar a rodar.
Fritz Lang.

El término «escena» proviene del mundo cinematográfico. Los guiones se dividen en escenas, que es todo lo que sucede en un mismo tiempo y lugar.

De algún modo, y aunque no sea posible encontrar una equivalencia exacta, creo que los escritores también trabajamos con escenas. O deberíamos hacerlo.

Quizá también deberíamos aprender algunas cosas del mundo cinematográfico y audiovisual, al que a veces denostamos, considerándolo un arte menor en comparación con la literatura, que supuestamente requiere un mayor esfuerzo. Entre ellas, la virtud de transitar por las escenas a través de elipsis narrativas o la asunción de que las escenas son móviles a la hora de montarlas en la cinta definitiva y que un mero cambio de posición entre ellas puede aportar una lectura diferente para el espectador.

Pero vamos a dejar por el momento de lado el cine y centrarnos en el mundo de la literatura, que es lo que nos ocupa ahora.

Creo que ya hemos dicho antes (y si no es así, lo hago ahora) que resumir, contar, se utiliza para ambientar, para poner en antecedentes. Pero todo lo más importante de tu historia tendrás que mostrárselo al lector para que lo viva junto con los personajes. Y aquí es donde intervienen las escenas. Una escena siempre muestra. Pero ¿cuándo es pertinente una escena? ¿Cuándo decidimos mostrar? Obviamente, en las partes fundamentales de nuestra historia, las que queremos que el lector visualice y sea testigo de ellas.

Una escena debería cumplir básicamente dos funciones: o sirve para que avance la trama o desarrolla nuestros personajes principales.

AVANCE DE TRAMA

¿Qué significa que nuestra trama avanza? Es sencillo. Sucede algo que nos da nueva información sobre la trama que estamos contando en un sentido o en otro. Descubrimos nuevas cosas que no sabíamos que nos hacen comprender el porqué de determinadas actuaciones de los personajes que componen nuestra historia.

Nuevas pistas, por ejemplo, si se trata de una novela policiaca.

Acuérdate, ya hemos hablado de ello con anterioridad, debes tener en cuenta que todo lo que suceda debe remar a favor del conflicto, desembocar directamente en él y ser fundamental en su resolución. Debe estar relacionado con él de uno u otro modo. No se trata de que sucedan muchas cosas, ya lo sabes, sino de que todo lo que suceda esté relacionado entre sí. La famosa relación causa-efecto que rige la trama.

DESARROLLO DE PERSONAJE

Utilizaré una frase del guionista de Hollywood Blake Snyder (que, por cierto, tiene un manual maravilloso sobre el arte del guion, *Salva el gato*), que quizá clarifique el objetivo de este tipo de escenas: si la escena va de lo que va la escena tienes un problema.

Las escenas que desarrollan personaje sirven para mostrarnos algo nuevo sobre nuestro personaje. No necesariamente en el sentido biográfico, sino un rasgo de su carácter o de su personalidad que servirá para apuntalarlo, para que el lector comprenda mejor sus motivaciones, sus objetivos.

Podemos plantear una escena en la que nuestro personaje protagonista entra en una frutería con intención de comprar, pongamos por ejemplo, una fruta exótica. Pero el dependiente le indica que se le ha acabado, dada la huelga de transportes, y que no dispondrá de ella hasta que todo se reestablezca y el proveedor pueda venir de nuevo. Nuestro protagonista se enfada e insulta al dependiente por el simple hecho de no disponer de ella, a pesar de que no es por su culpa.

En este caso, como dice Blake Snayder, la escena no va de un tipo que simplemente quiere comprar fruta, mucho menos de la huelga de transportes, sino lo que trata de mostrar es la irascibilidad de nuestro protagonista ante una situación, en principio banal. Lo que resulta importante para comprender su carácter y su comportamiento a lo largo del resto de la trama. Pero si no eres capaz de mostrar esto a tus lectores, que es para lo que has creado la escena, y simplemente parece una escena de un tipo que entra a comprar fruta, cuando tu novela trata sobre un psicópata, es que, efectivamente tienes un problema y el lector no habrá entendido nada. Terminará por resultarle una escena gratuita dentro de tu novela o relato, que no es capaz de encuadrar en el conjunto de la narración.

ESCENAS PARA AMBIENTAR

Quizá te preguntes qué sucede con las escenas que ambientan. Todas las novelas deberían ambientarse. El lector necesita conocer en todo momento dónde se encuentran los personajes: la carretera, la oficina, el salón, la cafetería... en la que se desarrolla la acción.

Bueno, sí, por supuesto es importante que tus lectores se sitúen en el escenario, pero, bajo mi punto de vista, estas escenas no son escenas en sí mismas. Deberías ser capaz de incluir la ambientación en las otras dos escenas. Es decir, debes ser capaz de ambientar a la vez que avanzas trama o desarrollas personaje. Algo parecido a lo que hace el cine, como te decía, a veces tan denostado. Vemos el escenario mientras los personajes se mueven por él y avanza la trama.

Si conviertes la ambientación en una escena en sí misma, es probable que el lector se salte todas esas páginas aburrido de ver que no sucede nada en tu novela y que malgastas palabras simplemente para describir cómo es un polideportivo o la escuela en la que juegan los niños a la hora del recreo.

¿Una historia real? No me interesa. Trabaja la verosimilitud

La trama es como la vida real, si le quitas las partes aburridas.
Elmore Leonard.

En los últimos años ha cobrado auge un género que se ha denominado autoficción y que viene a ser algo así como escribir sobre ti mismo.

Aunque no tiene la menor importancia y, supongo, que todo necesita ser definido por parte del mercado, particularmente el propio término me parece una contradicción. ¿Cómo uno puede hablar sobre sí mismo, pero de manera ficcionada, no real? ¿No es, al fin y al cabo, entonces, una ficción sin más?

Sea como sea, muchas novelas exitosas de grandes autores se encuentran bajo el paraguas de este género e incluso se reivindican como tales. Omitiré nombres, por aquello de no hacer amigos antes de tiempo. En su mayor parte me parecen novelas infumables en las que el autor aprovecha su fama para contar lo que le sucede un insustancial día cualquiera de su vida pensando que, por el mero hecho de pasarle a él, al lector le resultará muy interesante. Por supuesto, siempre queda reflejada su interesante vida literaria y el círculo de amigotes escritores, presentaciones y *groupies* que le rodea.

No lo hagas, te lo pido por favor. O al menos, no lo hagas hasta que no seas lo suficientemente reconocido y puedas hacer mala literatura con buenas críticas. Cuando te decía antes que debemos hablar sobre lo que uno conoce, no me refería a esto y mucho menos si no hay ninguna mirada al respecto.

Debemos tener claro que algo que a nosotros nos parece interesante por el simple hecho de que nos ha ocurrido, no tiene porqué parecerle interesante al resto de la humanidad.

La vida no resulta interesante, en términos literarios, nada más que por ser vivida. La trama es con diferencia lo que más separa el oficio de escritor de la vida real. Ya sabes lo que decía Elmore Leonard: La trama es como la vida real si le quitas las partes aburridas.

Toda la literatura, en definitiva, es autoficción. A fin de cuentas, la literatura sale de la propia vida para posteriormente convertirse en ficción. Incluso los recuerdos son pura ficción cuando han pasado por el tamiz de la memoria.

Debemos trabajar la verosimilitud. Puedes escribir sobre tu propia vida, sí. Pero trata de encontrar los puntos de giro interesantes en ella y elimina todo lo que no aporta un sentido literario a la obra.

Ten en cuenta que no importa conservar la realidad de manera absoluta; estamos haciendo literatura, no tomando acta en un proceso judicial. A veces hay que falsear la realidad para conservar el sentimiento que uno recuerda y transmitírselo a los lectores como cree haberlo sentido.

Es necesario encontrar las relaciones causa-efecto que no hay *a priori* dentro de la propia vida.

Quiero aclarar, sin que probablemente sea necesario, antes de poner fin a este apartado, que en ningún caso estoy en contra de la autoficción, por mucho que pueda parecerlo. Por otro lado, una literatura que tampoco tiene nada de novedosa y que diría que se lleva practicando desde el origen mismo del arte de contar historias. Por supuesto, que existen grandísimas obras de autoficción. Pero la autoficción no puede ser un valor en sí mismo para la obra. La novela o el relato serán o no buenos porque se sostengan por sus propios mecanismos literarios, pero no por el hecho de que le haya sucedido al escritor o escritora que lo escribe.

Hace poco en una conversación que mantuve en la Feria del Libro de Alcalá de Henares con el escritor Manuel Vilas, acerca de su obra *Ordesa*, comentaba que, tras una presentación en una famosa librería de Madrid, un lector se le acercó y le comentó en privado que se acababa de enterar escuchando su intervención a lo largo de la presentación que la obra respondía a una realidad, pero que, sin embargo, a él le había gustado a pesar de no saberlo.

Pues, perfecto, respondió Manuel Vilas. A fin de cuentas, de eso se trata de que los personajes que aparecen en cualquier libro sean reales para el lector, independientemente de que hayan existido o no en la vida real.

Sí, de eso se trata. Recuérdalo, estás haciendo literatura y debes conseguir suspender la realidad del lector para que se meta en la que tú le propones y, la mayoría de las veces, la vida resulta sumamente aburrida y poco literaria (poco real, si lo prefieres) si la transportamos directamente a las páginas de un libro sin ninguna modificación.

Contexto, texto y subtexto

La mediocridad depende del contexto.
David Foster Wallace

En cualquier acto de comunicación, no solo en las obras literarias, existen tres conceptos que cobran mucha fuerza y con los que deberías ser capaz de trabajar dentro de tu narrativa, sobre todo cuando abordes los diálogos. Aunque no solo en ellos.

- —El texto: La literalidad de lo que se dice. Lo que expresa el mensaje si atendemos exclusivamente al significado de sus palabras.
- —El contexto: Lo que rodea lo que se dice. Es decir, situación, ambiente, cultura, idiosincrasia…
- —El subtexto: Lo que no se dice ni se ve, pero, de alguna manera, está presente, subyace en el mensaje, y nuestro interlocutor percibe o pretendemos que perciba.

Los tres conceptos están íntimamente relacionados. El subtexto depende del texto y del contexto.

La ficción, como te digo, en multitud de ocasiones, trabaja con el subtexto, no solo con el texto. Al igual que lo empleamos constantemente en la vida real, a poco que pienses en ello.

Si creemos que la potencialidad de una obra literaria está exclusivamente en el texto, estamos cometiendo un error porque estaremos trasmitiendo solo información aséptica.

Un texto informativo funciona cuando solo la información, el texto, es lo importante: una notica, un análisis científico, un ensayo... En este tipo de casos, puede que el subtexto confunda y lleve a error a la hora de interpretar el propio texto.

Pero en una obra literaria debemos hacer partícipe al lector, ya lo hemos comentado. Esta participación se consigue a través del subtexto, aunque debamos generarla con el texto.

Si nos empeñamos en la necesidad de contarlo todo y no de mostrarlo para que el lector lo descubra, no estamos haciendo literatura.

Te pongo un ejemplo sencillo que me ocurrió hace poco para que lo entiendas mejor. Hará unos días aparqué el coche, un sábado por la mañana, para ir a trabajar, en un *parking* que principalmente se llena de turistas que vienen a visitar la ciudad los fines de semana. A mi lado, una pareja con dos niños pequeños se preparaba para comenzar una jornada de visita a la ciudad. Mientras sacaban los bártulos del coche, ella le dijo a él algo así como «¿Te importaría coger el carro del niño?».

A priori no hay nada de extraño dentro del texto. Se trata de una simple petición. Pero la frase estaba llena de subtexto. Denotaba un enfado subyacente quizá porque ya estuviese harta de tener que acarrear ella con todo sin recibir nunca ayuda por su parte. O quizá habían discutido antes de salir de casa y era un modo de expresar que ella no estaba dispuesta a olvidar tan pronto algo que para él no tenía la menor importancia. O quién sabe, voy más allá, puede que reflejase el cansancio de los años acumulados a su lado y el deseo de separarse y empezar una nueva vida.

¿Exagero? Sí, puede ser. Pero tu función como escritor es fijarte en esos pequeños detalles para trasladarlos después a la literatura. Escribir sobre lo no visto a partir de lo visto. Sacar de la realidad los pequeños detalles con los que construir la ficción para tus lectores.

¿Y cómo expreso ese subtexto?, te preguntarás. Bueno, igual que fui capaz de verlo yo. Hay gestos, acciones, tonos..., lenguaje no verbal que acompaña cada una de las palabras que expresamos y que, en multitud de ocasiones es más importante que el propio lenguaje. Si no eres capaz de hacérselo ver a tus lectores, tendrás un problema a la hora de crear tus historias.

La corrección. El primer manuscrito es un excremento

En este oficio no se puede ser sentimental.
Daphne du Maurier (Refiriéndose al proceso de corrección).

El primer manuscrito solo es un sitio de donde partir, donde empezar a trabajar. Decía Hemingway que el primer manuscrito es un excremento.

Cada vez estoy más convencido de que el verdadero trabajo del escritor se realiza en la corrección y de que uno es mejor escritor en la medida en que es capaz de corregirse a sí mismo.

Es posible que el término «corrección» sea un término confuso y mi experiencia me dice es uno de los que más cuesta asimilar a todo el que comienza a escribir. Les pasa a muchos de mis alumnos y lo veo constantemente en las clases que imparto; por eso yo prefiero llamarlo reescritura creativa. La mayoría de los escritores primerizos interpretan la corrección como poco más que una corrección gramatical: subsanar erratas, poner tildes olvidadas, afinar con la puntuación. Por supuesto que es necesario realizar este tipo de corrección. Pero esta corrección se hace al final, cuando el texto, digamos, ya está corregido de un modo literario.

Cada escritor tiene su propio método de corrección y tú tendrás que hacerte con el tuyo. Pero lo que está claro es que tendrás que tener uno y que es absolutamente imprescindible que entiendas que es parte incuestionable dentro el proceso de escritura. Insisto, diría que es el proceso de escritura en sí mismo.

Te contaré, *grosso modo*, el mío por si te puede ayudar en algo.

Lo primero que debes tener en cuenta es la necesidad de ser autocrítico con tu propia obra. Tienes que ser capaz de ver los errores y los puntos débiles de tus diálogos, por ejemplo, o de tus personajes. Los agujeros en la trama, la falta de precisión en el lenguaje, etc.

Todos vemos los defectos en las obras de otros y somos capaces de opinar sobre si nos han gustado o no y qué mejoraríamos, o al menos trataríamos de mejorar. No vale decir que es diferente, que es más difícil cuando se trata de tu propia obra porque, al fin y al cabo, la has escrito tú. Todos nos miramos en un espejo y, a no ser que tengamos una imagen distorsionada de nosotros mismos, para bien o para mal, deberíamos ver qué nos devuelve la imagen que se refleja al otro lado.

Tienes que acercarte a ella lo más alejado para que puedas analizarla con los ojos que la analizaría un lector objetivo. Para eso es recomendable, quizá lo hayas escuchado muchas veces, esperar un tiempo prudencial para volver a abordarla después de la primera escritura. Las palabras han de sonarte lo más ajenas posibles, como si no las hubieses escrito tú, como si las escuchases por primera vez.

Yo realizo una primera lectura del manuscrito pasadas unas semanas, no muchas. Creo, sinceramente, que soy un buen crítico de mí mismo y no me es necesario esperar demasiado tiempo para ponerme el traje de lector.

Siempre imprimo el manuscrito y todas las correcciones las realizo con bolígrafo y papel. Me resulta mucho más cómodo a la hora de tomar notas y poder saltar de una página a otra, por eso tampoco anillo el manuscrito ni lo encuaderno.

En la primera lectura apenas tomo ningún apunte. Quiero tener una idea general de la obra, de cómo funciona el conjunto. Aunque quizá sí me hago algunas preguntas al margen del texto, principalmente sobre el comportamiento y la motivación de los personajes (para mí, creo que ha quedado más que demostrado, los personajes son lo esencial de cualquier historia). ¿Por qué actúa de uno u otro modo? ¿Su comportamiento es coherente en una escena en concreto…? Cosas de ese tipo.

Tras esa primera lectura tomo notas en una libreta sobre qué me ha parecido. No se trata de que las notas sean sesudas ni tengan un análisis intelectual. Son solo para ti. Escribe como si estuvieras hablando con un colega después de ver una película. Me ha aburrido, la trama me ha resultado lenta, no me creo el personaje de Raquel, no he entendido tal cosa o tal otra... Se trata de una primera impresión, pero muy útil que te dará una pista sobre qué cosas hay que empezar a plantearse para solucionar los errores que hacen que no funcionen del todo. Date cuenta de que, si esa es tu primera impresión, la de tus lectores será todavía mucho peor. Ellos no tienen ninguna vinculación sentimental con la obra y serán mucho menos condescendientes que tú con ella.

Y, sobre todo, en esa primera lectura me pregunto de qué estoy hablando, fuera de lo obvio. ¿Cuál es el tema más allá de la trama? Aunque puede que, como dijo Woody Allen, en el fondo del fondo de los fondos, todas las historias hablen de amor.

Después de esa primera lectura, sin olvidar las notas que he tomado en esa libreta, ya sabiendo de qué estoy hablando y qué quiero potenciar, abordo una segunda lectura en la que, ahora sí, con rotulador rojo y esas primeras impresiones, lleno el manuscrito de notas y escenas que resolver y suprimir (ten en cuenta que corregir y es recortar y que la mayoría de las veces escribimos de más).

Después toca sentarse de nuevo frente al ordenador y ponerse a escribir de nuevo (acuérdate: reescritura creativa), esta vez sí, teniendo las cosas algo más claras.

Una vez reescrito el manuscrito, toca leer de nuevo. En principio, esas impresiones que reflejaba la libreta deberían haber mejorado. Lo que no significa que no haga falta una tercera versión, incluso una cuarta, que todavía afine más el resultado deseado.

¿Cuál es el límite? No lo sé. Te diré que yo jamás he vuelto a releer una obra mía que ya está publicada más allá de algún fragmento concreto en una presentación o en una entrevista porque me lo han solicitado. Estoy seguro de que hay algo que desearía modificar, aunque ya no tengo posibilidad de hacerlo.

En todo caso, creo que hay un momento en que uno ya no tiene claro si sus correcciones empiezan a mejorar o a empeorar el resultado final. Creo que es el momento de parar o, al menos, de dejar el manuscrito aparcado durante un tiempo.

Aunque ya te advertí al principio que mi idea no era convertir este libro en un manual en el sentido estricto de la palabra donde explicar cuestiones técnicas, si te aportaré algunos puntos que creo que deberías tener en cuenta en la corrección o sobre los que deberías preguntarte.

QUÉ PREGUNTARSE A LA HORA DE ABORDAR LA CORRECCIÓN

1. ¿Se cuenta la historia de forma efectiva?

¿Cada punto de giro se presenta con suficiente claridad? ¿Se le da a cada escena el equilibrio apropiado de tiempo e intensidad?

Cada encuentro y acontecimiento debe impulsar la acción hacia adelante o debe aportar compresión de los personajes. Debes ser capaz de entender y defender la importancia de cada escena.

Hay que sostener el impulso de la historia y evitar complicaciones innecesarias.

2. ¿Dónde está el conflicto?

Lo que atrapa al lector es que hay unos seres humanos respondiendo ante una crisis o intentando resolverla. En su lectura debería subyacer una pregunta que es la que le hace avanzar a través de la acción y la que le provoca el deseo de seguir leyendo. Si crees que el lector no se está preguntando nada o tú no tienes claro qué es lo que se está preguntando, algo está fallando.

3. ¿Tienen ritmo los acontecimientos?

Es importante que el conflicto se desarrolle de una manera fluida. Dependiendo del relato esto puede implicar una escalada gradual de la tensión o un ritmo que alterne el suspense con la calma. Pero las escenas, de las que hemos hablado con anterioridad, deben tener una secuencia lógica para el lector. Deben servir para clarificar la historia de la mejor manera posible. Y no utilices escenas de más simplemente por aumentar el número de páginas, ralentizará la acción y aburrirás al lector.

4. ¿Es verosímil la acción?

No tiene nada que ver con el realismo. Mientras los personajes actúen con coherencia interna puede ser admitida casi cualquier cosa.

5. ¿Los personajes evolucionan?

Los personajes deben cambiar debido a los acontecimientos. En cada escena ha de percibirse su estado de forma precisa. El lento curso de esta transformación es lo que sostendrá la historia. Todo personaje tiene un arco de transformación. Tu personaje protagonista no debería ser igual al principio y al final de la trama. Se supone que le han sucedido cosas importantes y por lo tanto algo ha cambiado en él.

6. ¿Sobra o falta algo?

No se deben incluir escenas redundantes ni diálogos excesivos. Para evaluar esto hay que preguntarse: ¿cuál es el objetivo de esto? ¿Por qué el espectador necesita ver u oír esto? ¿Qué se perdería al suprimirlo?

7. ¿Cada una de las palabras cuenta?

Las palabras crean personajes y siembran ideas. Es muy importante que no sean las ideas equivocadas.

Sacar a colación un asunto de dinero, en una historia que no tiene nada que ver, puede llevar al público a la conclusión errónea de que este es un factor importante en la historia. Un altercado demasiado desarrollado entre un marido y su mujer puede llevar a pensar que el relato trata de su relación y, quizá, solo sea verdad en parte.

8. ¿Estamos provocando imágenes en la cabeza del lector?

No lo cuentes, muéstralo. Ya conoces esta máxima, uno de los a, b y c de la escritura creativa.

9. ¿Hay un final satisfactorio?

El final debe dar una respuesta al conflicto que se ha planteado a lo largo de toda la historia. Debe ser la respuesta a esa pregunta que ha sostenido la lectura a lo largo de todas las páginas.

10. ¿Cuáles son las debilidades?

Debes utilizar tu propia capacidad de crítica. Toda la crítica que aplicamos constantemente a los libros que leemos o las películas que vemos, debemos aplicarla de un modo, si cabe, mucho más crítico a nuestra propia obra. No existen excusas. Si no eres capaz de percibir tus errores, por el mero hecho de que tú seas el autor de la obra, es mejor que te dediques a otra cosa.

¿Por qué amo la lectura?

Que otros se enorgullezcan por lo que han escrito,
yo me enorgullezco por lo que he leído.
Jorge Luis Borges.

En mi primera novela, *Un pequeño paso para el hombre*, contaba la historia de un ridículo aspirante a escritor que arrastraba la confianza en su literatura a raíz de un premio de poesía que ganó en sus años de instituto. En realidad le concedieron el premio porque nadie más se presentó al certamen. Claro, esto él no lo sabía.

El personaje (o al menos esa parte de él), salvando las distancias, estaba basado en algo que me sucedió a mí. Yo también gané un concurso de poesía en el instituto. Espero que, en mi caso, sí hubiese más candidatos.

De ningún modo eso hizo que creyese que merecía el Premio Nobel. Pero sí cambió mi vida como lector y, mirándolo ahora con el paso del tiempo, es probable que también, de algún modo me condujese a dedicarme a la escritura. Aunque no por las mismas razones que al personaje de mi novela.

El premio era de diez mil pesetas, quizá el equivalente en estos tiempos a unos cien euros, si no al cambio, que serían sesenta, sí en cuanto a posibilidades de compra. Puede que algo más. En definitiva una cantidad sustanciosa para un chaval de dieciséis años.

Mi decepción vino cuando me enteré de que no se abonaba la cantidad en dinero constante y sonante, sino que se canjeaba por libros o material fotográfico.

Yo no quería libros (la lectura no era una prioridad en aquella época para mí), sino disponer de esa cantidad para invertirla en juergas adolescentes. Bueno, pensé, puedo encontrar una solución. Mi padre bajaba siempre a comprar el periódico a la papelería que estaba justo debajo de mi portal y teníamos mucha confianza con el dueño, el señor Antonio. Le propuse, dando por sentado que aceptaría, que me firmase una nota o factura falsa para poder presentar al instituto y que me abonasen el dinero. Una jugada perfecta, sin duda.

Para mi sorpresa, el señor Antonio se negó en redondo. Pero te haré un favor, me dijo, te voy a recomendar unos libros que seguramente cambiarán tu manera de entender la literatura y con los que estoy seguro que conectarás, creo que te vas a entender con sus personajes y ellos te van a entender a ti.

No me quedó otro remedio que aceptar. Todavía hoy conservo aquellos libros.

Puso en mi mano J.D. Salinger, Bukowski, Kerouac, Ginsberg, Carver y unos cuantos más. Sin duda fue lo mejor que pudo hacer por mí. Mi concepto de la literatura cambió. Efectivamente, aquellos libros hablaban de lo que yo sentía, a diferencia de lo que los profesores de literatura me obligaban a leer en clase.

A partir de aquel momento, me convertí en un ferviente lector, incluso pasado el tiempo volví a releer con otros ojos todo lo que me habían obligado a leer con desgana y, entonces sí, me fascinó también Unamuno, Baroja, Valle-Inclán o Cervantes.

También contraje la enfermedad incurable de la escritura. Pero, sobre todo, insisto, de la lectura.

Desde entonces no recuerdo un solo día de mi vida en el que no haya leído una sola página o ciento cincuenta. Creo que no podría vivir sin hacerlo.

No se trata, ya te lo he dicho en algún momento de este libro, que crea que la literatura te convierte en mejor persona o que crea que escribir te otorga un aura especial y glamurosa a ojos de los demás. No lo creo y, en cualquier caso, me resulta absolutamente indiferente. Se trata simplemente de que, en mi caso es una necesidad, tanto leer como, en menor medida, escribir. Me sale ardiendo de dentro, recuerda a Bukowski.

Si en tu caso también es así, dale duro y ten fe, adelante. Pero si no, no pierdas el tiempo ni se lo hagas perder a nadie. Hay muchas cosas que hacer probablemente mejores que sentarse a escribir y quién sabe si mucho más útiles.

Gracias, señor Salinger

Quiero acabar este libro homenajeando a uno de esos autores de los que antes he hablado, J. D. Salinger, con otro artículo que publiqué en su momento. No porque crea que lo merece más o menos en términos literarios. Habría muchos otros que también serían merecedores de ese homenaje. Pero hay algo en él que creo que apuntala la idea de lo que, al menos para mí, debe ser la escritura y resume, de algún modo, el espíritu de este libro.

El guardián entre el centeno no es mi novela favorita en la historia de la literatura. Es posible que, como la mayoría de lectores, no pudiese elegir una sola obra. O, en el mejor de los casos, dependiese del momento vital que estuviese atravesando.

Pero, sin duda, no se iría mucho más lejos del puesto número veinte si me demandasen un hipotético *ranking*, que me costaría realizar. No solo por su calidad literaria, para mí obvia, sino porque me abrió las puertas a otro tipo de lecturas. Creo que esto ya lo he contado alguna vez; a raíz de la historia de Holden Caulfield descubrí que leer podía ser mucho más fascinante y tenía más que ver conmigo de lo que presuponía gracias a las clases de literatura (o por culpa de ellas). En este sentido, alguien que te abre nuevos caminos siempre es digno de ser observado con cierta (o mucha) admiración. La misma que se le debe a un maestro. J. D. Salinger para mí lo fue. Lo sigue siendo, diría.

Durante años, mientras vivía, siempre tuve la esperanza de encontrarme con alguna novedad literaria en el mercado, aun a riesgo de sufrir una decepción mayúscula. Es lo que tienen los mitos, son más susceptibles de derrumbarse como barro mal cocinado.

Ahora, con él ya desaparecido y en el centenario de su nacimiento, esa esperanza se ha transformado en temor. Rezo para que sus herederos no desempolven sus manuscritos. Algo que sucederá, a buen seguro, más temprano que tarde.

Pero no es de mi relación lectora con Salinger de lo que quería hablarles, sino de la suya con la literatura.

Hace algún tiempo aparecía una entrevista con su albacea literario, su hijo Matt, en la que este aseguraba que estuvo escribiendo hasta el final de sus días con el profesionalismo propio de cualquier escritor cuyo destino fuese ver sus obras encuadernadas y puestas a la venta en los escaparates de cualquier librería.

> «Se levantaba a las 3 o 4 de la mañana y escribía durante unas cuatro horas, antes de que el mundo se despertara, después volvía a la cama y leía varias horas más. A mediodía se volvía a levantar, desayunaba y seguía escribiendo hasta media tarde…» (*El País*, 9 de mayo de 2019), relataba Matt Salinger.

Matt niega (ese es su empeño a lo largo de casi toda la entrevista) la existencia de un Salinger extravagante o, al menos, no más extravagante que el resto de los mortales. Parece ser que se comportaba como una persona normal (signifique eso lo que signifique), que mantenía una relación cordial con la comunidad donde vivía y se ocupaba de sus obligaciones familiares del mejor modo que podía o sabía.

No sé a ustedes, pero a mí me resulta fascinante pensar en un tipo encerrado horas y horas frente a su máquina de escribir sin ningún afán por obtener una recompensa, ya sea económica o de prestigio social. Simplemente por puro amor a la escritura. Máxime tratándose de uno de los autores más reconocidos de la segunda mitad del siglo XX.

Sí, ya sé que Salinger tenía su vida económica solucionada y podía permitirse escribir sin más objetivo que el de poner una palabra tras otra. Ese no es el tema. Del mismo modo, también es cierto que era sabedor de que cualquier novedad suya se convertiría en un éxito de ventas e implicaría para él múltiples viajes, mesas de debate, entrevistas, congresos, presentaciones, etc., etc., y más etc.

Precisamente lo que él más aborrecía, dirán ustedes. Claro, ese es el quid de la cuestión. ¿Para qué escribimos: porque necesitamos contar historias o por el supuesto prestigio social que otorga la faceta de escritor?

¿Quién de ustedes (quién de nosotros, si lo prefieren) renunciaría a la vanagloria de lo mediático? A los cantos de sirena de las alabanzas. ¿Quién renunciaría a escucharse a sí mismo y a seguir escuchándose una vez más?

Nos autoeditamos libros infumables sin el menor pudor, solo para conseguir nuestro pequeño minuto de gloria entre una docena de familiares y amigos. Por eso me sorprende, no sé si también me inquieta, la figura de J. D. Salinger. Un hombre que lo único que quiso hacer, e hizo, toda su vida es dedicarse a escribir.

Mientras, no dejo de observar, tanto en las redes sociales como en el mundo real (sea lo que sea eso), escritores y autonombrados escritores que lo único que desean es publicar. La escritura parece ser un mal trago que hay que pasar para llegar a ello. Es más, estaría por apostar que algunos de ellos publicarían sin escribir, si es que eso fuese posible.

Decía el poeta y ensayista alemán Heinrich Heine que la verdadera locura quizá no sea más que la sabiduría misma que, cansada de descubrir las desvergüenzas del mundo, ha tomado la inteligente resolución de volverse loca.

Puede que J. D. Salinger, por mucho que su hijo trate de negarlo, también tomase la inteligente resolución de volverse loco y apartarse de esta hoguera de las vanidades que en la última década se ha multiplicado hasta resultar insoportable.

Gracias, Sr. Salinger, por su obra publicada y, sobre todo, gracias por su obra no publicada a pesar de ser escrita. Toda una lección.

Este libro se terminó de imprimir en su primera edición, por encargo de la editorial Berenice, el 16 de septiembre de 2022. Tal día del 1851 nace en La Coruña la escritora Emilia Pardo Bazán.